售罄·地产精英培训系列

售罄 Ⅲ

售楼冠军微信营销全解密

邓小华 林永青◎著

“售罄”微信营销版

中国经济出版社
CHINA ECONOMIC PUBLISHING HOUSE
·北京·

图书在版编目（CIP）数据

售罄Ⅲ：售楼冠军微信营销全解密/邓小华，林永青著．
—北京：中国经济出版社，2015.9（2021.3 重印）
ISBN 978－7－5136－3852－4

Ⅰ.①售… Ⅱ.①邓… ②林… Ⅲ.①房地产—销售—技术培训—教材
Ⅳ.①F293.35

中国版本图书馆 CIP 数据核字（2015）第 148542 号

责任编辑　葛　晶
责任审读　贺　静
责任印制　马小宾
封面设计　任燕飞装帧设计工作室

出版发行　中国经济出版社
印 刷 者　北京力信诚印刷有限公司
经 销 者　各地新华书店
开　　本　710mm×1000mm　1/16
印　　张　13.25
字　　数　181 千字
版　　次　2015 年 9 月第 1 版
印　　次　2021 年 3 月第 15 次
定　　价　39.80 元
广告经营许可证　京西工商广字第 8179 号

中国经济出版社 **网址** www.economyph.com **社址** 北京市东城区安定门外大街 58 号 **邮编** 100011
本版图书如存在印装质量问题，请与本社销售中心联系调换（联系电话：010－57512564）

众多房地产公司老总、行业精英联袂推荐！
共掀“售罄”风暴！

为重新定义中国房地产经纪人职业地位一起努力！

——Q 房网集团董事长　梁文华

《售罄Ⅲ》是移动互联时代房地产经纪人的营销法宝、作业利器！

——南昌中环地产董事长　刘持海

房地产经纪人用微信到底能做些什么？如果你只是一味地向客户传达信息，那就大错特错了。本书用一个个鲜活的实例为你揭开微信营销的秘诀，带你走向微信营销高手晋升之路。本书有很强的实战性和前瞻性。

——上海太平洋房屋　杨　彬

《售罄Ⅲ》是中国房地产中介员工最爱且必读之书，非常感谢中房地产中介培训教父邓小华老师指引我们前进，帮助我们成长。

——株洲市中伟房地产经纪有限公司、株洲市中游房地产代理有限公司董事长　游　伟

信息和服务是房地产经纪行业存在和发展的根本理由和核心产品。服务是房地产经纪行业不论风云变幻都无法省略的基础，就像少林功夫中的“扎马步”，没有捷径可言。信息获取和利用渠道的选择与能力的练就，在互联网的时代背景下，已经不仅仅关系到房地产经纪企业的发展快慢，更决定着房地产经纪企业的生死存亡。

时势造英雄，邓老师顺势而为，结合房地产经纪行业的特点和互联网的发展，特别是移动互联网的特点及其对行业的影响，推出了《售罄Ⅲ》。本书延续了邓氏著作的一贯风格——实用、具体、生动，同时为广大房地产经纪从业人员如何面对、理解、使用和优化移动互联网，使其为我所用提供了大量的思路和方法，值得大家认真学习。

——重庆广积粮、中国房价网总经理　王　凯

邓老师的新书《售罄Ⅲ》，通俗易懂，实战性超强，是看了就能用，用了就能产生业绩的地产销售“神器”！

——南宁贵人置业董事总经理　李柏晓

在互联网时代，人们低头之间，俨然机遇无限，让我们立足微信热点，再续“售罄”传奇！

——珠海华发房地产代理有限公司执行董事　黄坚德

无论是邓老师的培训，还是他的图书都非常接地气，具有很强的实战性。从《房地产热销有绝招》到《售罄Ⅰ》和《售罄Ⅱ》，都是儒房地产5000门店员工的必备教材。相信《售罄Ⅲ》将会再度成为行业标杆，让房地产经纪人轻松拥抱新时代。

——山东儒房融科网络科技股份有限公司董事长　李　振

很庆幸我们这个时代的经纪人见证了此番互联网对于传统行业的颠覆性变革，在这个不断提升企业服务意识的时代，本书的学习将帮助处于困惑中的企业管理者发现商机。

——成都宏洋房地产经纪有限公司　刘　杨

这是一本贴近市场，贴近中介行业，令房地产经纪行业提升无限档次及效益的书。邓老师不愧是房地产中介行业领军导师。

——佛山市顺德天之龙地产副总经理　李超棠

互联网改变了我们的生活，也改变了房地产中介行业的发展模式。毋庸置疑，在信息瞬变的时代，思路将改变出路。如何在房地产中介行业进行升级蜕变，我们需要静下心来累积更多的专业知识。邓小华老师倾力撰写的《售罄Ⅲ》深入浅出地阐述和细致明晰的专业分析，确实让行业内的伙伴们受益良多！

——广东省江门市东骏地产总经理　林英华

悉闻邓小华老师的《售罄Ⅲ》即将出版，在此，我祝愿此书像《售罄Ⅰ》《售罄Ⅱ》那样受到房地产经纪人的热捧。书中，邓老师对房地产销售各个环节分析得非常透彻，具有很强的实战和指导意义。同时，邓老师也是房地产经纪行业中最专业的讲师之一。本人也亲自组织公司员工参加过邓老师的培训课程，受益匪浅。本人将一如既往地支持邓小华老师，倾力推荐《售罄Ⅲ》！

——南通红峰房地产代理有限公司董事长　邢亚峰

邓小华老师是我最敬重的老师之一，跟老师结缘是十多年前的事了，十几年风雨，邓老师风采不变，敬业不变，认真执着不变，我佩服！邓老师用一贯的敬业精神一直坚守在这个岗位上，推动了中国房地产行业的发展。多年来，中国二手房市场的繁荣和规范以及经纪人的成长和进步，邓老师功不可没！邓老师所著的《售罄Ⅰ》《售罄Ⅱ》及《售罄Ⅲ》是帮助房地产经纪人成长的宝典，每一个房地产经纪人都要认真学习。

——广州市祈安地产代理有限公司　谢颖仪

从“功夫店长”“赢在店长”到“区域突围”，我多次参加邓小华老师的培训课程。《售罄Ⅰ》和《售罄Ⅱ》伴随了我的整个职业生涯，直至今日创业。“售罄”是我们公司全体经纪人必读的职业教材。在此移动互联呼风唤雨之时，邓小华老师又为我们一线员工带来期待已久的《售罄Ⅲ》。本书一定会成为所有经纪人提升业绩、企业快速发展的好助手！

——哈尔滨海富房地产经纪有限公司　魏　岩

请不要在空降兵时代还孜孜不倦地学习骑兵技巧。移动互联时代，就要学习《售罄Ⅲ》

——西安楼市通董事长　李　涛

由于机缘巧合认识奥锐赵敏，由她推荐学习了邓小华老师的“售罄系列丛书”。这套书开阔了我们房地产直营连锁企业的发展思路，并为我们指明了方向，对公司中高管理层的管理意识提升、管理方法的灵活运用有很大帮助。与此同时，也对一线销售员的销售方法和思路有着创新性的引导和开发作用。

——昆山理想家园房地产咨询有限公司总经理　华　锐

“不积跬步，无以至千里，不积小流，无以成江海”，“售罄”把经纪工作描述得生动、易懂、系统，学习本书让售楼工作变得事半功倍。

——南京高业房产经纪有限公司总经理　赵秀琴

邓老师的课听了不少次，其大作看了以后，收获良多。《售罄Ⅲ》是一线房地产经纪人值得用心学习并收藏的销售实战教材。

——西安金爵房地产代理有限公司　刘宗元

很多经纪人和管理者对《售罄Ⅰ》和《售罄Ⅱ》学习后，将其运用到了实际工作中，收到了非常好的效果。在新的市场环境下，希望房地产同行们在《售罄Ⅲ》中寻找到新的知识点，应对当下工作中遇到的困难与问题，通过努力创造房地产经纪行业新的辉煌。

——沈阳森众志诚房产经纪公司　吴世楠

邓小华老师讲课很有激情，其课程理论与实战完美结合，实操性极强，很好地总结了二手房销售环节的各种细节问题，并对行业普遍存在的问题给予了专门性的解决方案，对二手房经纪机构有一定的思路性指导。《售罄Ⅲ》将成为房地产经纪人的开单制胜法宝。希望邓小华老师的售罄商学院能服务全国所有的房地产经纪机构，促使行业健康良性发展。

——哈尔滨金皓房地产经纪有限公司总经理　何春亮

一流的经纪公司有一流的培训体系，2015 年我们虽然处在竞争的劣势之中，却有机会运用售罄商学院从讲到看、从探讨到复制、从摸索到改进的一流培训体系，在这种情况之下，就算行业老大闹得再凶，你还怕吗？

——中山市华振地产　梁观武

邓老师的《售罄Ⅰ》和《售罄Ⅱ》我一直都在追阅，它们收录了房地产行业从业的精髓，简单易懂，实用性强！期待《售馨Ⅲ》有更大的惊喜！

——厦门山林风房地产行销代理有限公司　余冬霞

行业因“售馨”而灿烂，行业因“售馨”而精彩，行业更以邓老师的卓越贡献而骄傲！

——内江博馨地产　张　蕾

房地产销售方面的书籍大多空洞乏味，邓老师的“售馨”将讲授专业知识的书写得生动、耐看，却又不乏味，实战性极强，值得用心学习。

——西昌中信房产　赖云宏

买房是成家的开始，读《售馨Ⅲ》是卖房的开始，“售馨”系列丛书是房地产经纪人必读书籍。

——新疆鑫德基业房地产总经理　王博文

邓小华老师是我走遍中国100多个城市，花了160多万元学费以后，见到的唯一一位房地产中介行业的地产中介教父。邓老师的课程及其“售馨”系列丛书覆盖面广，有方法、有标准、可执行、可复制，是绝对值得每一位房地产经纪人和中介老板学习的范本！

——温州功铭地产董事长　张电电

“互联网+”是一个时代的趋势，运用互联网手段进行房地产销售也是每一个经纪人必须掌握的要领，《售馨Ⅲ》是让公司提升业绩的智慧宝典。

——连云港新港城地产　李云峰

拥抱互联网，品读《售馨Ⅲ》；微信售楼全解密，在“微”机中爆发，圆你冠军梦！

——东莞品位—品置地产经纪集团总经理　连安源

人类因梦想而伟大。书籍是人类进步的阶梯。《售馨Ⅲ》将帮助地产人找到实现梦想的正确坐标。

——四川宏运达房产董事长　黄　平

《售罄Ⅲ》不仅可以解决房地产销售中遇到的难题，还能帮助经纪人悟出销售的真谛。它是房地产经纪行业的《九阴真经》。

——湖北风驰天下房地产经纪有限公司董事长、襄阳市樊城区工商联副主席、襄阳市房地产中介行业协会副会长　刘红俊

如果说邓小华老师的《售罄Ⅰ》是源于他18年的行业经验积累出来的优秀售楼法，那么，《售罄Ⅱ》就是解剖销售成交心理学的成功秘诀。时至今日，如果我们依旧想在行业中领跑，那就要跟得上“微时代”的发展步伐，《售罄Ⅲ》是行业中的唯一力作。抓住新机遇，你没有理由错过！

——天津鼎盛亿嘉地产总经理　李红梅

“售罄”系列丛书是房地产行业的地标性力作，为房地产人指明了方向，更是我们隆源人培训的标准，《售罄Ⅲ》更是加入了独特的销售理念，让房地产人在谈笑风生间轻松签单。

——大庆隆源房地产中介服务有限公司　张晓梅

一个行业光靠身口相传只能称之为行当，之所以称之为行业，是要有一套系统化的易学易懂又易用的理论基础来支撑引导。邓小华老师的“售罄”系列丛书是一套非常难得的经典之作，理论与实战兼具，在夯实了我们这个行业理论基础的同时，也推动了行业快速健康的发展。

——黑龙江家世纪地产　李　瑛

邓小华老师是一位实战型导师，《售罄Ⅰ》和《售罄Ⅱ》一直伴随着我从基层走向高层，公司的发展与成功离不开邓小华老师的悉心指导，非常期待新书《售罄Ⅲ》的再次爆发。

——随州家兴房地产总经理　肖银辉

“读万卷书，行万里路”，“售罄”系列丛书收录了近百位销售精英的

智慧，值得学习。“售磬”在手，开单必有。

——温州巨信地产总经理　闫贻恒

“售磬”已经成为房地产行业的经典培训用书，其收录了众多地产精英的实战心得，整套书获得了无数地产经纪人的肯定，是值得收进囊中的地产销售宝典！

——龙城地产总经理　吴泽财

把握时代发展趋势，以超前智慧引领房地产销售新思维。《售磬Ⅲ》是房地产经纪行业生存与发展的宝典。

——徐州第一房屋董事长　于　健

这本书没看会后悔！看了也会后悔！没看——当移动互联网变得更普遍、更重要时，你一定后悔当初没有去阅读此书；看了——你一定后悔没有更早看到这本书，让自已的公司更早地走在互联网营销的前沿。

——义乌坐标不动产总经理　方　星

过去十年，各种互联网端口提供商、传统媒体等影响着我们的房产销售；如今，微信营销为房产销售插上了飞跃的翅膀。自媒体时代，动动手指让我们的销售变得更加容易和高效。

——四川鲁昂房地产营销策划有限公司　徐勇均

本书与时俱进，是互联网思维的进一步实践成果，将为行业改革、发展、创新提供巨大帮助，是一本好书！

——惠州市家世界置业总经理　李德新

邓小华老师对中国房地产中介行业的贡献是巨大的，他始终研究行业的发展趋势，研究行业成功的关键，并无私的传播。我们的员工和干部上了邓老师的课后变化非常大，谢谢邓小华老师！

——湖南嘉业地产董事长　张拥军

三尺讲台、三寸舌、三寸笔、三千桃李；十年树木，十载风，十载雨，十万栋梁!《售罄Ⅲ》就是这样一位地产中介行业好老师的力作!

——上海启轩房地产投资管理有限公司总经理　孙利新

《售罄Ⅲ》很有实战意义，有情商、有魅力，从更加新颖的角度将博大精深的销售艺术细致入微地展现在了我们面前，值得认真体会。

——苏州天扬集团董事长　韩丽华

继《售罄Ⅰ》和《售罄Ⅱ》之后，邓小华老师又与时俱进地撰写了《售罄Ⅲ》，非常期待《售罄Ⅲ》能够给我们这些迷茫的人，特别是房地产中介机构和房地产经纪人答疑解惑，运用微营销的手段和方法达到高效营销的效果。

——长春市协力房地产代理有限公司总经理　李茂玉

听过好多房地产经纪行业的培训课程，我认为邓小华老师是行业内少有的优秀讲师，课程实用性、可落地性强，覆盖面广。同时邓老师对中小经纪公司发展的见解和推动作用不可小觑。知悉《售罄Ⅲ》出版，祝愿此书在“互联网+”的新形势下能够给房地产经纪行业带来新的增长动力!

——呼和浩特正邦地产总经理　李永光

前言

移动时代，售楼无微不至

这是新的一天，上班路上，我打开微信刷朋友圈，看到昨晚王先生5岁的儿子过生日的照片，我主动点赞并评论。王先生回复说准备让儿子上小学，正在了解本市哪个小学比较好。于是，我发了一条本市学区信息的链接给他，我们之间的聊天就此开始。

这是新的一天，上午，我在门店用微信搜索附近的人，添加了旁边小区张小姐的微信。浏览她的朋友圈我得知张小姐是某化妆品公司的副总经理。其另一则朋友圈信息显示，她看上了一套105平方米的三居室，但拿不定主意，请朋友给意见。我立即中肯评价，并给她推荐了一套更有品位的三居室。

这是新的一天，我昨天约的客户10点钟看房，我再一次分享了见面的地理位置给她。在等待客户的过程中，有客户看到朋友圈的房源信息向我咨询了解，于是我发了一个房源实景的小视频给他。

这是新的一天，我们还是继续深耕商圈，但现在的我只需一部手机就足够了。无论是从开发房源到跟进业主，还是从责任楼盘维护到商圈服务，微信给我的售楼工作带来了更多的便利及优质体验。比如，我可以利用碎片时间来学习，提升自身的房地产销售专业技能，也可以关注类似“中国房地产培训中心”等公众号和订阅号，浏览房地产时事新闻，增加与客户交流的话题。不知不觉中，微信成了我们的一种生活方式和工作方式。

在移动互联网时代，微信给我们的售楼工作带来了无数的机会和可能。房地产销售人员可以在微信上完成从前期的开发客源、房源，到后期的客户管理、服务，以及提升约客带看体验、老客户维护水平等售楼工作。房地产销售人员要做的就是让目标客户成为自己的微信粉丝，通过不断地沟通互动，增强客户对自己的信任感，从而提高客户对自己的黏度。

本书的编写基于微信在售楼工作中的运用，旨在手把手教会房地产销售人员利用微信开发房源、客源，直至最终成交。本书内容涵盖了房地产销售人员微信使用实操指南、二维码推广营销；利用公众平台打造免费的售楼平台，让房地产销售人员把门店开到客户的手机里；撰写微营销房源广告标题等。

基于庞大的用户群体和投放精准等优势，微信已经成为当前最快速、最精准、最有效的房地产营销推广渠道之一。在这样一个微信的时代，希望房地产销售人员都能够通过微信创造更好的售楼业绩，提高收入，进而实现理想的人生目标。

本书能够顺利呈现在读者面前，要特别感谢邓小华老师和奥锐公司的鼎力支持，王黛红、林惠玲、龙雁冰、梁伟荣、张文艳、陈伟、缪锡丽、车云扬、林雪霞、卢玉婷、王大治、潘嫚侬、孙伟、罗武、陈忠文、陈浩钺、陈志强等同志也都参与了文稿的整理和校对工作，在此一并向他们表示衷心的感谢！

林永青

2015 年 1 月

目录

第一章　全面解读微信在售楼中的应用

第二章　有效增加粉丝数量的策略

第三章　房地产微营销运营策略

第四章　房地产营销微文案写作

第五章　房地产销售公众平台运营

附录一　微信公众平台实操教程

附录二　关于微信公众平台重要通告

第一章

全面解读微信在售楼中的应用

“您好！您是王总吧？”

“您是？不好意思，我们是在哪里见过吗？”

“王总，我是××地产公司的小张，在微信上跟您聊过几次，在朋友圈看过您的照片，今天在这里见到您真是太荣幸了！昨天我还在您的服装连锁店买了两套衣服，同事们都夸衣服款式特别好看，他们也想买几套呢！”

“哦，谢谢！今天周六，准备带儿子去公园玩儿，平时比较忙。”

“那是，前几天在朋友圈看到您公司10周年庆典，还点了个赞沾沾喜气。”

上面的对话情景，在微信时代或许随时都会发生在你的面前。我们给业主打电话，经常会被对方拒绝，对方不配合，不愿意跟我们交流，而在微信上，如果我们添加了业主的微信，不仅可以随时随地联系，还可以关注业主动态及委托放盘的意愿等。由此可见，微信是了解业主动态的重要渠道之一。

试想一下，作为房地产经纪人，在业主还没有委托放盘并对你一无所知的情况下，如果你能准确称呼业主的名字，了解业主的兴趣爱好等，那么当业主准备放盘的时候是不是也会第一时间想到你呢？

还有，客户购买房屋通常会找不同中介门店对比，因为同样一套房源很多时候不是独家房源，所以，提升售楼前的客户体验也是房地产经纪人获得带看成交机会的重要筹码。

“只要站在风口，猪也能飞起来！”在全新的移动互联网时代，以什么样的目光去审视，什么样的心态去面对，什么样的思维模式去思考我们的房地产销售工作，决定了售楼生涯的方向与发展，决定了售楼业绩是事倍功半还是事半功倍。

一、利用微信营销的13把飞刀

（一）扫一扫——扫出买楼好客户

“小王，你出去跑盘怎么到现在还没回门店呢？”

“店长，我在跟咱们旁边这个小区的保洁阿姨聊天，阿姨看我带着工牌，说她服务的业主要搬走，房子准备出租或者出售，再跟阿姨沟通一下我就回门店了。”

“是不是又找借口出去玩了，在什么位置，赶快给我发一张街景地图！”

看到这样的对话你一定笑了，是店长对经纪人不信任，还是经纪人偶尔找借口？对此，我们在这里就不深究了，要重点说的是微信“扫一扫”给我们售楼工作带来的帮助。如今，“扫一扫”由原来的二维码识别，已经细分了条码、封面、街景及翻译扫描等功能。

扫描街景是一项很有趣的新功能，你把手机摄像头对准附近的建筑，微信就会自动识别出所在地的名称，为你提供这条街的具体位置、有哪些配套设施等。

试想一下，你在带客户看房、了解小区的环境之后，即可在街景中扫描一下小区附近的建筑物，就会显示小区附近的配套，让客户更真实地体验带看房屋的周边配套。这就完全实现了带看（带客户看房，下同）过程中线上线下信息的无缝对接，提升了客户在看房过程中的真实体验感。

二维码也是微营销推广过程中链接线上线下渠道的重要入口，包括个人微信二维码、微信群二维码、公众平台二维码，这三项是经纪人在售楼工作中储备客户量的三驾“码”车，若能组合使用会让你的售楼工作事半功倍。

“扫一扫”二维码一般有以下两种使用方法：

一是直接对着二维码扫一扫，关注公众平台或加入微信群储备客户，同时在门店接待、参加活动等时扫一扫客户微信，增加售楼机会。

二是扫一扫微信相册二维码。房地产经纪人通过手机上网搜集到的一些二维码图片，可先保存再扫一扫。当然，对于朋友圈或微信群的二维码只需按住识别即可。

（二）微群营销——快速储备客户

有这样一个故事：有三只苍蝇，想从上海火车站飞到深圳去，第一只苍蝇很勤奋，想到就做，不停地飞啊飞，一个月后，苍蝇飞到了浙江，老死了；第二只苍蝇很懒惰，但是很聪明，它爬上了火车，用了两天时间成功到了深圳；第三只苍蝇又勤奋又聪明，它花了一天时间飞到了机场，爬上飞机，随着飞机两小时到达了深圳。

高速发展的移动互联网，不仅改变了我们的生活，也改变了房地产营销的思路和方法。那么，我们如何找准时机，借微营销之势找到更多购房客户呢？微信群营销就是一个很好的方法。

房地产经纪人个人的能力很有限，要想在最短的时间内达到业绩最大化，就需要学会借力。那么在售楼工作中，我们应该如何借微信群营销的力快速储备客户呢？

第一，微信群的名字需要精准定位。作为房地产销售人员，一方面面对的客户群体来自各行各业，所以建立微信群组不能仅仅局限于房地产行业范围内。另一方面客户购房或许一生只有一次，所以我们在经营微信群的过程中要更多地围绕客户的生活或人生各个阶段的需求来进行定位，或者说，根据我们目前所销售的房源来进行客户群体定位，即婚房、投资房、学区房等不同类型房源针对的客户群体的关注点都是不一样的。例如，购买婚房的一般都是毕业几年的白领，他们关注的多是职位的晋升或创业机会的获得，平时会有很多爱好，包括运动、交友、旅游等。

作为门店经纪人，我们可以协作经营微信群，特别是在微信群运营前期。因为发起微信群聊需要三个人，所以，我们可以在店长的统筹下，将门店各组别的经纪人组建成线上的微信群组经纪团队，不断开发客源。

第二，建立有价值的微信群。要考虑建立这个微信群究竟能给群成员带来多大的价值，他为什么要加入你的微信群？在研究微营销的过程中，我主动或被动加入的群有好几百个，每天收到的微信群消息通常不少于10000条。当然，这其中有做得很好的微信群，也有很多是沿袭QQ群的做法，拉人进群，然后拼命发广告的。

在建立微信群的过程中，不知道大家有没有思考过这样一个问题：如果是别人拉你进群，然后每天给你发广告你会不会接受？因此，在建立微信群的时候，需要深入考虑微信群的价值所在，哪怕是每天给群友分享一篇大家所关注的话题文章。

对经纪人而言，我们本身不是明星，也基本没有媒体的背景，在微信群里能体现我们价值的核心就是与群成员深度地互动经营，并分享福利，以此来吸引群成员，不断提升自身的信任度。不可否认，我们是销售房屋的，绝对不可能送成员一套房子，那么我们能提供的福利在哪儿呢？这就需要我们根据客户的需求来定位。在微营销培训过程中，也有学员反映过这样的问题，觉得微信群除了广告推广好像找不到合适的东西。我想说的是，如果你是站在客户的角度思考，或许你就不会有这样的困扰了。移动互联网时代是一个跨界的时代，经营微信群也需要跨界的思维，即要100%为客户解决问题。

第三，设定合理的群规。一个微信群，必须有一个人人都遵守的规则。违反规则的，就要被淘汰。有了这样的筛选机制，就能将不遵守规则的人淘汰出局。连规则都不能遵守的人，留在群内也没有什么价值。做微营销，深度挖掘客户价值比广告推广更重要，经营好粉丝才能带来口碑传播。特别是房地产销售人员，更需要长期地经营客户。如果除了房源推销没有其他话题，那么在客户眼里你永远只是一个销售人员，进入不到客户的生活圈子，经营不了客户的朋友圈。同时，合理的群规包括但不局限于禁止群发广告、禁止乱搞群活动等。

第四，精耕细作的运营。一个微信群能不能发展好，与组织者有莫大的关系。建立微信群首先要有清晰的定位，然后就要思考如何去运营它。如果我们只考虑建立微信群来发房源广告，那么我建议你不要在这方面浪费宝贵的青春。现在的消费者越来越理性，莫名其妙被人拉到一个以“××地产门店”作为名字的微信群，倘若他根本不知道这个群是做什么的，很可能你一下子拉进 40 人，不到一天就会有超过 30 人选择退群。这样的运营方式是显然有问题的，因此从开始组织者就要做好微信内容的定位，并且精耕细作，无价值的内容、纯粹的广告推广必须摒弃。

第五，线上线下整合落地。一个微信群如果能实现落地，其价值就会更大程度地体现出来。所以，线下的聚合对提升微信群的活跃度，推动微信群的扩大有非常大的帮助。与此同时，面对面的交流也能使群内人脉资源得到更好的整合。房地产中介门店的房源主要来自门店所在商圈，通过微信群建立线上线下整合推广还是具备一定的优势的，而且我们的客源也有很多来自本地，线上组织、线下活动，不断提升客户的信任度，扩大经纪人的交际圈，对于售楼工作也是有很大帮助的。

微信群的建立其实很简单，只需要拉三个好友就可以了，然后通过推广吸引客户，建议一开始不要大量拉客户进群。

微信使用小技巧

进入微信聊天界面，点击右上角“+”号，然后选择或搜索好友。

微信 5.3 版本新增“面对面建群”功能，这个功能是非常强大的。

微信使用经验分享

1. 房地产经纪人不管参加什么样的聚会或活动，都可以建微信群储备客户，或者根据房源特点组建一些相应的微信群，并通过推广增加微信粉丝。

2. 通过网络或其他渠道找到购房客户或业主所在的微信群，扫一扫加入群聊。

3. 利用亲戚、朋友、群友、客户等关系相互换群，增加人脉关系，储备更多购房客户。

（三）QQ 绑定——让开发客户的圈子数量倍增

如果一个客户打进电话来，门店所有人的分机都会响，最先拿起话筒的人才能得到直接与客户对话的机会。每次来电，门店的同事都会“抢答”。相信这样的情景对于房地产经纪人来说并不陌生，实际上，这就是在比谁最快、谁最用心。只要一坐在办公桌前面，你就会不自觉地将手放在话筒上，随时准备接听电话。接听一通电话并不一定能够签下一个单子，但不接听电话一定没有单子。

在房地产中介行业的微信朋友圈里也曾广泛流传着这样一首房地产经纪人“单身情歌”：“每一个做地产的人都得看透想赚就别怕伤痛，找一个有钱的买房的好谈的成交的人来让我成单，一个没钱的买房的瞎谈的难搞的人来让我伤痛。”

很多时候在同一条街就有几个甚至十几个同行业的门店同时跟你竞争，而越来越多的客户会选择在购房之前从网络上了解房源，再找经纪人沟通，网络也就成为经纪人客源来源越来越重要的渠道。曾经有个来自四川成都的学员回馈给我这样一个信息：自从公司开展网络营销以来，通过网络获得的客源占比从原来的30%提升到80%。

所以，要让更多的客户找你买房或委托放盘，首先，就要让客户有更多渠道找到你，其次，你必须建立更多与客户沟通联系的渠道，最后，客户主动找到你以后，要有快速的回应，否则，客户或业主随时都有可能找到其他中介完成交易。

在使用微信开发客源或房源这方面也不例外，你可以用微信绑定QQ的方式，让客户不管从微信还是从QQ都能找到你。你可以第一时间解答客户的疑问，并设置提醒查看信息声音或震动，避免长时间拖延，流失主动找你的客户。

经纪人要细心查看准客户的QQ签名，或者朋友圈，有些客户其实会在这些地方透露个人生活状态或工作状态，甚至是购房意愿等。

只要你的微信绑定了QQ，在微信上也可以同步看到QQ好友，能给客户发图片或者文字信息，所以，你可以通过微信、QQ、电话等一系列渠道持续跟客户沟通、联系。如果门店没有台式电脑，就可以通过互联网用手机跟客户联系，因为手机已经能够完成网络推广的大部分工作。同时，微信、QQ这些在线通信工具是大部分客户经常使用的，对于一些身为上班族的潜在购房客户来说，用QQ联系、沟通也还是一种较为有效的方式。我认为，沟通工具在短期内不存在谁完全取代谁的问题，只是针对不同的客户，我们应该使用不同的沟通工具，以获得更好的沟通效果。

微信使用小技巧

QQ离线助手是连接微信与QQ的有效渠道，通过微信可以接收到QQ的离线消息，增加消息时效性。使用路径：“我”—“设置”—“通用”—“功能”。

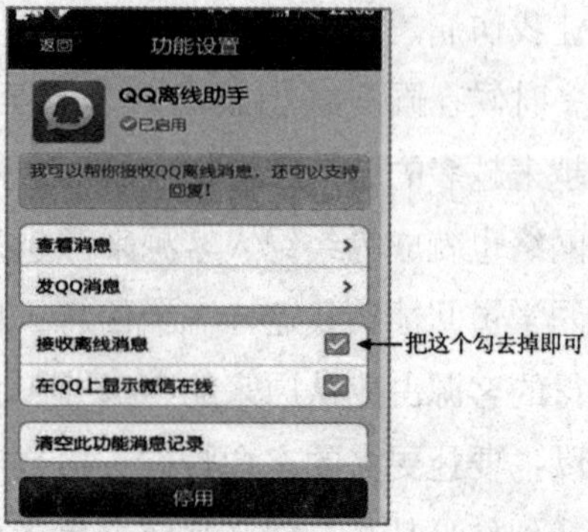

微信 QQ 离线助手目前只接受来自 QQ 好友的“1 对 1”信息，包括图片，还可以给绑定的 QQ 发送消息、语音输入等。

微信使用经验分享

1. 发送房源图片或简介给 QQ 用户。在客户只添加 QQ，没有添加微信的情况下，房地产经纪人可以通过离线助手给客户发送房源信息。

2. 关注 QQ 好友即时信息，提升客户服务的效率。这样客户在使用电脑登录微信或 QQ 客户端时就可以随时与经纪人沟通，了解房源。最新的房源动态可以与客户随时分享。

3. 随时分享资讯给潜在客户。特别是对于一些购买婚房的年轻客户或上班族，经纪人除了带看成交之外，还要充分利用这个功能分享资讯，提供增值服务，通过这种方式不断影响客户，增加转介绍的机会。

（四）附近的人——客户就在附近

如果你想定向添加附近区域或楼盘的微信用户，微信“发现”中的“附近的人”功能很管用。我就曾指导学员在参加房展会的时候，利用这一招现场抓取了 100 多个潜在客户。跟进后促成了 17 个带看，成交了 1 个售单和 1 个租单。

查找附近的人给房地产经纪人带来了独具价值的营销机会，你可以随时随地查看附近的人，特别是参加行业活动或高端活动的时候，千万不要忘了打开这个功能，添加身边的潜在客户。只要在某地方使用“附近的人”，退出的时候没有清除位置，24 小时内仍然可以查找到。

如果房地产经纪人在人流最密集的地方 24 小时后台运行微信，那么在“附近的人”使用者足够多的情况下，随着微信用户数量的上升，房地产经纪人就可以利用这个免费广告位进行包括用户分组、地域控制在内的精准消息推送，房源推广。除此之外，你也可以利用这个免费的广告位为自己做宣传，甚至是打广告。

微信使用小技巧

“查看附近的人”是一项通过地理位置加好友聊天的微信功能，查看的入口在“发现”页面，使用时会提示你需要同意微信使用地理位置信息。

点击进入后可查看附近人的相关信息，包括性别、附近打招呼的人等。

如果你不想再被附近人查看到，可点列表右上角图标，清除地理位置

信息。但是，作为房地产销售人员，相信你更加愿意让更多的人找到你，增加你的客源。

微信使用经验分享

在二手房销售中，你“附近的人”可能大多数是业主或者商圈的客户，所以，在门店上班或跑盘实勘过程中，使用这个功能是你开发房源、客源很好的机会。

当然，让“附近的人”成为你的客户，需要得到客户的认可——通过验证，如果客户不同意验证，就只能让客户通过你的签名简单地了解你，而不能深入了解你的工作内容及生活状态了。

所以，如何通过最简单的名字、头像、签名、区域等基本信息吸引客户就成为你需要解决的基本又核心的问题所在。我通常会给学员举一些例子，让学员现场练习写一些话术。

（五）摇一摇——原来客户可以摇出来

房地产经纪人在用微信开发客户的时候，往往会忽略“摇一摇”这个功能。在微信5.0版本以前会有很多人使用“摇一摇”来添加对方为好友外，现在身边的人很少使用这个功能了。其实，“摇一摇”在售楼工作中还是有一定价值的，毕竟增加一个好友就会有多一次售楼机会。斯坦福研究中心就曾经发布过一份调查报告指出，一个人赚的钱12.5%来自知识，87.5%来自关系。

一个美国人，一辈子换5次房子；在中国，平均3次左右。多认识一个朋友，圈住他就有可能为你多增加3次销售的机会。

“摇一摇”功能在理论上可以摇到世界上任意一个地方的微信用户，而且每天没有限制次数，同时，它会显示跟你同时使用“摇一摇”的人和你的距离有多远。

在房地产销售工作中，通过“摇一摇”寻找潜在购房客户有几个关键因素。首先，是微信用户所在城市跟你所在地方的距离，“摇一摇”之后你应该根据其城市大小，或者你所销售的房源或楼盘目标人群的定位，选择性添加好友。其次，在摇到的好友中，逐一点击，了解客户的基本情况，有些可以在没有添加为好友之前浏览朋友圈的前十张照片，有些则只能看客户头像及所在区域。虽然都是一些很小的细节，但也是我们选择客户的关键因素，需要重视。最后，要在使用“摇一摇”功能的过程中有效开发客户，创造带看机会。最重要的是抓住一切空闲时间，坚持使用这一功能，最大限度地扩大客源，抱着执着的售楼目标，坚持不懈，一定有助于你售楼工作的提升。

曾经有个雇主要雇佣一个孩子，他对应聘的30个小孩说：“这里有一个标记，那儿有一个球，你们要用球来击中这个标记，每个人有7次机会，谁击中的次数最多，我就雇谁。”

结果这些孩子都没击中目标。雇主说：“你们明天再来，看谁做得更好。”

第二天，只来了一个小家伙，并且他每次都能够击中目标。

“你怎么做到的呢?”雇主惊讶地问。

这个小孩回答说：“我非常渴望得到这份工作来为母亲减轻压力，所以，我昨天在家里练习了一个晚上，我告诉自己无论如何一定要成功，结果我做到了。”

很多房地产经纪人在使用微信“摇一摇”做客户开发时，就像这群小孩去应聘工作一样，很多人尝试着摇了几次，没有加到好友就下结论，觉得这个根本和销售，特别是卖楼没有关系，可以忽略不计。

而在我的微信粉丝中，就曾有个经纪人给我发微信提到，他刚从事房地产二手房销售工作三个月，客户非常少，听说微信很火，想试试，但不知道怎么开展，于是我给他提了几条建议，其中也包括使用“摇一摇”开发客户的技巧。于是，除了日常跟其他同事一样约客带看，在门店接打电话之外，一有空他就拿着微信想方设法添加好友，同事经常笑话他浪费时间。但是他并不在乎身边的人怎么想、怎么看，每天早上都把手头的房源梳理一遍，编好房源广告，在使用“摇一摇”打招呼的时候把房源信息和广告发给对方。这样每天坚持“摇一摇”100次以上，一个月之后，他的微信不仅增加了127个粉丝，并且通过这些微信好友成交了两个租单。

微信使用小技巧

摇一摇的入口在找朋友界面。进入摇一摇界面，轻摇手机，微信就会帮你搜寻同一时刻摇晃手机的人，如果对方回复了你，系统会自动将你们加为好友。

微信使用经验分享

微信“摇一摇”是当前移动社交的普遍方式，它极大地丰富和拓展了经纪人的人际关系。在你不停地摇的同时，别人也在摇，在这个过程中传递广告，无疑就会获得非常高的广告曝光度。作为房地产经纪人，通过频繁使用这个功能，可以储备客户，增加带看机会。

（六）漂流瓶——客户可能随时漂出来

关于漂流瓶，古希腊有这样一个传说：如果将自己的心愿写在纸上，装进透明的玻璃瓶，放入大海，瓶子载着心愿飘向远方，看到的人越多，心愿实现的可能性就越大。后来，人们称这样的瓶子叫漂流瓶。现在漂流瓶有了更丰富的寓意了，分为祝愿漂流瓶、心情漂流瓶、提问漂流瓶、真话漂流瓶等，但都有希望别人知道并了解你之意。

微信“漂流瓶”允许发送不同的文字和语音内容，可以自定义头像、地区、签名等信息，房地产经纪人可以修改设置，让客户捡到你的漂流瓶时，更好地了解你。

房地产经纪人要让客户通过你提供的网址进入指定的房源端口，这样可以增加售楼机会。如果客户通过电话、微信找到你，也可以接收到你发送的房源信息，就可以提升推广的精准度。

“捡一个”，顾名思义是从用户投放的漂流瓶中“捞”起一个来，“捞”到后也可以和对方展开对话。你每天有20次捡漂流瓶的机会，可以根据捡到的漂流瓶内容选择性回复，这会给你带来增加粉丝或推广房源的机会。

房地产经纪人通过微信漂流瓶推广房源，跟传统的线下贴条一样，需要大量的积累。其实不管什么工具或绝招，不行动是绝对不会产生效果的。

几年前，我听说“世界上最伟大的推销员”乔·吉拉德来中国做演讲，于是报名参加，并提前10分钟到场，可是早已人满为患。这时候，一位服务生跑过来说：“先生，您好，请问您有‘世界上最伟大的推销员’乔·吉拉德的名片吗？”我一愣，说：“没有呀！”于是，顺理成章地收到一张乔·吉拉德的名片，但是令我吃惊的是，就在开场前这10分钟的时间里，我一共收到了8张同样的名片。

过了一会儿，乔·吉拉德戴着墨镜，听着迪斯科音乐，跳上讲台。他对着台下大喊：“亲爱的朋友们，你们想知道我成功的秘密吗？”全场回应：“想，太想啦，亲爱的乔·吉拉德先生……”接着，乔·吉拉德大声问：“请问，你们收到我的名片了吗？”全场齐声说：“收到了！”“2张！”“3张！”“5张！”“8张！”乔·吉拉德听到后，哈哈大笑说：“亲爱的朋友们，还不够……”接着，他打开自己的西装，把3000张名片撒向台下，名片雪花般漫天飞舞，他要向每一个人推销。

这一直是乔·吉拉德常用的手法。这让我想起史玉柱的“征途”。“征途”刚出来的时候，我去网吧上网，发现网吧的灯箱上贴的就是“征途”的海报，网吧的大门上贴的也是“征途”的海报。走进去坐下后，一抬头，墙上贴的还是“征途”的海报。我仔细观察，发现网吧内部“征途”海报的数量和其他所有网络游戏的海报数量总和差不多。就连卫生间里都贴上了“征途”的四格漫画，让你时刻接收“征途”的冲击。

作为房地产经纪人，要利用一切可以利用的渠道宣传自己，把握住每一次宣传房源的机会，每天坚持，一定会有效果。

微信使用小技巧

微信漂流瓶应用在“发现”界面。进入“漂流瓶”界面后，选择“扔一个”，编写文字或录制一段语音。点击“扔出去”，装进瓶子的语音或文字就被扔进了“大海”，点击“漂流瓶”界面上的“捡一个”按钮，打开即可。

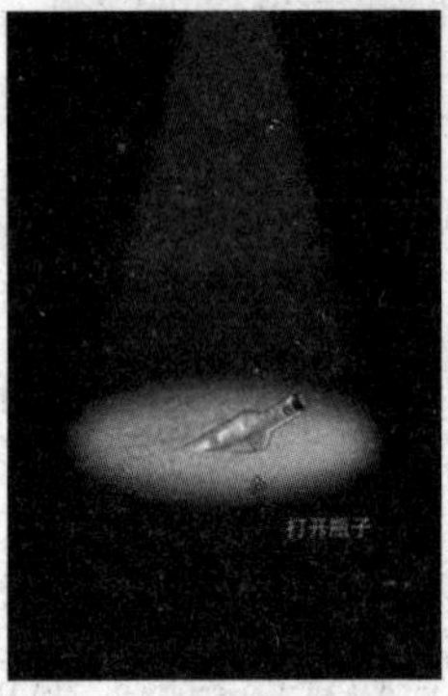

微信使用经验分享

通过漂流瓶，你可以把自己的个人简介、商圈优势、房源介绍以及其他内容推送给客户，包括热点话题、近期趣闻等容易吸引眼球的信息，也可以发节日祝福等，并引导客户关注你。如果利用得好的话，漂流瓶也是推广房源的利器。

作为房地产经纪人，不管是在门店上班，还是在家休息，或是外出办事，随时可以使用漂流瓶，但关键是话术有足够的吸引力，不要发一些无关痛痒的话，或者发泄不满情绪。关于微信漂流瓶直接推送房源广告的话术，可以参考以下几则案例：

1. 为什么××广场投资回报是其他地方的300%？××广场日平均人流19万人次，××影院、麦××等一线品牌云集，130平方米临街旺铺仅剩三间，两年可收回成本，仅××××元每平方米。详情请致电137××××××××。

2. 为什么房子住三年就能赚千万？原业主买这套房时刚创业，还是贷款买的。仅三年时间，公司就准备上市，最近买了一套1000万元的一线江景房，把老家父母都接过来住。现将××华府89平方米的小三居室出售，仅××万元，紧邻地铁口，有省级小学学位，步行3分钟即到××万家等大型超市。随时看房，详情请致电137××××××××。

3. 揭秘亿万富豪都喜欢什么样的房子？传说那里有八仙之一韩湘子路过留下的龙泉水，云集亿万富豪，仅剩1席。五星级物业管理、企业家俱乐部、未来商界之星训练营及养生会所等。××别墅，357平方米独栋配车库，VIP专线137××××××××。

（七）微信语音——轻松穿越客户沟通屏障

如今越来越多的业主只要一听到房地产经纪人的电话迅速就挂断了。那么，怎么才能够创造更多的机会与客户沟通呢？添加客户微信，利用微信语音是解决客户不接电话的方法之一。

作为一种新兴媒体，微信的信息传播符号具有多样化的特点，语音、文字、图片、视频、表情等一应俱全。这其中，语音通信功能的加入意义重大。一方面，相对于电话营销，对于房地产经纪人而言，可以随时随地用语音跟客户沟通，解说房源的具体情况，增加客户对你的信赖。另一方面，相对于文字营销，由于经常发文字客户会产生视觉疲劳，不太愿意阅读，语音相对于文字而言，就更加有吸引力。

只要轻轻按住微信语音功能说话，松开后客户就能收到语音留言，这是一种脱离传统文字交流的功能，通过这种生动的交流方式可以拉近你与客户之间的距离。需要注意的是，微信语音是内容和声音的双重结合，只有两者融合统一，完美协调，才能取得最好的营销效果。因此，经纪人在运用语音功能时，要注意语音内容的组织及声音、语调的运用，要给人一种亲切放松的感觉，从而给客户留下深刻的印象。

微信使用经验分享

与传统短信相比，语音留言能感受到说话者的语速、语调、语气等，从而准确了解说话者的心情和语气，语音留言不但能传递信息，更能传递情感。因此，微信语音还可以应用到下列具体的售楼工作中：

1. 门店经纪人日常复盘工作。对于已添加业主微信的，可通过语音功能了解业主是否放盘，增加与业主沟通的机会。微信语音与电话营销相比，最大的优势在于留言不会被拦截，业主听到的可能性非常大。

2. 传递给客户日常问候或节假日关心。通过语音留言，可以给业主播报商圈内的一些热点新闻，节假日可以给客户发送语音祝福，拉近你与客户的关系。

3. 增加有效跟进客户的机会。根据客户所处的购买阶段，设定相应跟进频率，如果接近成交尾声，则多发几次语音跟进。在接触客户、带客看楼之后这段时间，跟进需要保持一定的强度，但不能过于频繁。

（八）群发助手——轻松维护客户

“不管你是谁，群发的我不回。这不是面子的问题，实在是觉得太累！”这是马年春晚上的一首歌曲中的一句。群发信息因诚意不够，被多数人直接跳过或删除。对于一些含有广告的信息，甚至会被手机软件拦截，利用微信群发太多广告也会被客户直接拉入黑名单，得不偿失。

那么如何群发微信才会降低被潜在客户拉入黑名单或者直接删除的风险呢？首先，控制群发的频率，特别是群发广告信息，要利用每一次群发的机会跟客户进行沟通和交流，互相了解对方，增进信任感。其次，要根据不同的客户群发送不同的信息，有针对性的内容、叙述方式等会提升信息的价值。最后，利用微信收藏功能储备多种类型信息，不同时间段或不同时期群发不同信息，让客户感觉你广泛的兴趣爱好和博学多才，也会为你储备更多人脉关系和购房客户。如果是业主，也会加深他对你的印象，有利于你获得更多盘源。

微信使用小技巧

利用微信“群发助手”可发送信息、图片。手机微信“群发助手”每次可群发给200个好友。登录手机微信，点击“我”—“设置”—“通用”—“功能”。网页微信电脑版，可以一次选择50个好友进行群发。

(手机微信群发助手)

(网页微信电脑版)

微信使用经验分享

现在的群发助手代替了以前的短信群发，但有时候也会泛滥，起不到实际作用。

因此，不要等到节假日再使用群发助手发送大众化的祝福，或是小广告，这样的收效不会特别大。我们不要错过任何节假日或纪念日，但关键还是要把工作做在平时，要勤快，要润物细无声。比如，针对不同的客户，收集一些符合客户需求的资讯或文摘，可以随时发给客户，加深客户对你的印象。

此外，发送的文字版信息首先要拟定一个比较有吸引力的标题，其次，最好控制在200字以内并排好版，以方便客户阅读，最后附上你的姓名和电话，说明你群发信息的原因。

（九）视频聊天——卖楼玩的就是体验

做售楼工作首先得调整好心态，弄明白客户不同阶段的服务需求，包括带看过程中的一些细节。所以，不管客户是何种身份或地位，都应该让他们真正感受到被优待，让他们对我们的服务留下深刻的印象，这才是房地产经纪人最大的追求。

随着城市的发展，城市建筑飙高飙新，大型综合社区不断涌现，虽然做了社区区域划分管理，但是一个小区的东南西北门把看房客户搞得晕头转向还是常有的事。特别是网络的快速发展，使得越来越多的客户会先通过网络渠道了解房源，再跟经纪人预约看房，这也就难免碰到找不着路或对地图不太熟悉的情况。此时，视频的优势就显现出来了。通过视频聊天，经纪人能够直接与客户通话聊天，让客户一目了然，更快找到目标看房地点。

微信使用小技巧

进入微信聊天界面，点“+”图标，然后选择“视频聊天”，如下图：

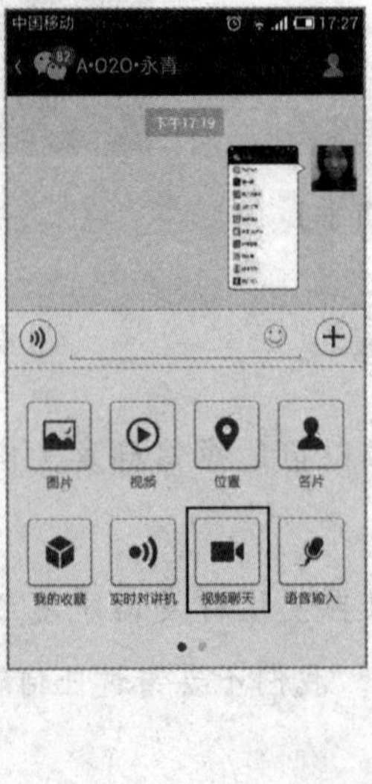

微信使用经验分享

1. 在带看时，可以建议客户通过视频聊天的方式与朋友或家人分享房源的实时状况。

2. 在带看时，如果客户在你分享的位置地图上找不到跟你约定的地点，可以通过视频聊天，让客户看看你周边的环境。

3. 通过视频让客户了解小区。针对工作比较忙的客户，可用镜头实现小区介绍。

（十）QQ 邮箱提醒——卖楼也可以润物细无声

人在不同的环境下，心情会有所不同。不同职业的人群，日常社交或与客户沟通的方式也会有所不同。经纪人在联系客户时，除了把握好联系的时机，使用电话跟客户沟通之外，对于还没有急迫购房意愿的客户，可以密切关注其生活和职业情况，通过微信发邮件逐步跟进，减少因经常群发房源广告而被客户拉入黑名单的风险。至于发什么邮件给客户，经纪人必须了解客户的职业和生活情况，据此决定。

中国互联网络信息中心（CNNIC）在 2008 年 12 月—2014 年 6 月发布的关于中国手机网民规模及手机邮件用户规模的调查报告称，我国移动电子邮件用户规模达到 2. 13 亿！现在，全国有多达 68% 的人每天通过手机看邮件。移动终端的改变正在改变我们查看电子邮件的方式和地点，也在引领着电子邮件进行一次大的变革。

所以，通过微信给潜在购房客户发邮件，挖掘客户需求，对于你的售楼工作而言，是不可忽视的渠道之一。那么，什么样的人群经常使用邮件呢？

1. 白领

这类人群使用手机的频率相对比较高，特别是上下班时间，坐公交或地铁都习惯浏览微信，甚至中午也不休息，由于工作需求，需要经常上网收发邮件等。这类人群大多是婚房或学区房的潜在购买者，所以经纪人可以根据此类人员的特点和需求发送相关内容。

2. 公务员

这类人群上班时间相对比较轻松，大多也会使用邮件收发相关部门文件，也较为关心时事新闻等资讯。在住房方面多以刚需自住为主。

3. 创业人员

这类人群为了企业的发展壮大，需要利用一切可以利用的渠道推广公司业务，邮箱也是其常用工具之一。初创企业有时候因为资金问题会比较慎重考虑购房，但一旦赚取第一桶金之后，购房需求和意愿还是比较大的。

4. 其他人群

其他人群可根据当地的实际情况而定。

前几年，房地产销售手段主要以媒体广告为主，只要在当地媒体报纸宣传，就会有大量客户主动上门店了解房源或楼盘的相关情况。可是，伴随着媒体的空前繁荣和目标客户越发理智，这种单一的、指向性非常强的媒体宣传手段已经不能满足现如今房地产市场竞争的需求。所以，经纪人就要把各种主动的客户拓展方式结合起来。一方面，媒体发布的信息要更加精准，另一方面，可以通过现行的各种资源整理出更加可行的客户拓展办法。

微信使用小技巧

利用微信中的QQ邮箱提醒功能，可以更加全面地推送信息或房源广告，随时随地与客户联系，发送及回复邮件，简单方便，不论在门店还是外出，都可以操作。点击“设置”—“通用”—“功能”—“启用”。

微信使用经验分享

同时，邮箱还是推广二维码的重要工具。微信邮件提醒功能可以查看、发送文件，经纪人可以通过这个功能给客户发送房源信息或二维码，在电话复盘之余，充分利用在门店的时间拓展客户，并为客户提供增值服务。亦即通过这个功能经常给客户发送他们需要的文章，顺便植入房源信息广告，可以增加拓客渠道与成交机会，深度挖掘潜在客户。此外，通过QQ群等渠道可以搜集邮箱资源，储备客户，这一点在后续推广渠道及策略中将会详细讲解。

（十一）位置分享——卖楼约会就是这么简单

在一次地产微营销培训课程上，有学员给我讲述了一段难忘的销售经历。他曾经接待过一位外地客户，客户一直是通过电话了解房源情况的，在他的多次耐心介绍下，客户最终决定亲自来现场看一看。

因为路不熟，客户到了他所在的城市仍然找不到门店的位置。情急之中，客户给他打来电话。当时，他正在吃饭，马上放下碗筷坐了一站公交车去接客户。客户当时很感动，详细了解楼盘情况后，交了5000元订金订了一套58平方米的房子。

以前，客户想看房时找不到楼盘的地址，要销售顾问亲自去带路。现在，房地产经纪人可以利用微信“位置分享”功能在客户还没出发前就将楼盘地址分享给客户，解决房地产经纪人要坐车带路的问题，提升工作效率。

微信使用小技巧

进入微信聊天界面，点“+”图标，如下图所示：

微信使用经验分享

1. 带客户看房使用分享位置功能。经纪人平时就要把门店附近小区的几个重要路口或小区入口定位好，并收藏到自己的手机里。与客户约好看房的时候，便可以提前分享房源附近的位置给客户，方便客户找到见面地点。

2. 给客户推荐房源的时候分享位置。这一点很重要，毕竟客户对城市的每个地点不是都非常熟悉，分享位置给客户也方便一些开车的客户找到指定地点。另外，在微信里跟客户分享房源或商铺位置，可以增加客户对盘源的印象，这是电话复盘或销售房源没办法做到的。比如，在电话里推广房源你经常会遇到这样的情形：××先生/小姐，现在××小区的房子89平方米才120万元，××步行街的商铺也才37万元，您有没有考虑买房或投资商铺？每当这时，对方挂电话的概率是非常高的，但是如果使用微信先发图文再分享位置，则可以慢慢地影响客户。

（十二）微视频——瞬间突破带看时空限制

“我很忙，没空去看房子。”“有比上次更好的房源再约我吧。”“我先了解一下再说吧。”以上都是房地产经纪人在推广房源或预约带看时经常碰到的情况。

遇到这样的情况时，除了发图片或文字信息给客户，其实发送视频也是一个很好的方法。视频能够让客户更全面、生动地了解房源情况，同时提升服务效率及特色。

某项研究表明，8 秒钟形成的片段能完整地表达出一个意思，最容易在人脑海中形成印象。超过 8 秒钟，注意力集中度会下降。所以，最佳的房源展示视频要控制在 8 秒钟左右，这个长度的广告客户比较容易接受，同时也不会消耗太多手机流量。门店店长不妨把附近楼盘的周边环境制作成视频，让经纪人发送给客户了解盘源。

通过短视频传递房源广告是一大趋势。随着智能终端硬件的普及和 4G 业务带来的网络环境变化，视频的流行也尤具必然性。同时，将短视频、小视频与房源推广、社交相结合，将进一步刺激与保持房地产经纪人在房源销售上的活力。

从心理方面来看，房源短视频广告更能打动客户。当手机促使我们的生活变得极度便利之际，资讯显然也呈现爆炸式增长，而客户观看视频或阅读资讯的耐心却呈现完全相反的趋势，购房者不再愿意花很多时间去阅读房源介绍。短视频的出现，则恰好满足了购房者求快的心理，用短、频、快的节奏来抓住购房者的碎片化时间，迅速吸引购房者的眼球。此外，视频信息不仅具有丰富且形象化的特点，而且在操作上也更加简便。

微信使用经验分享

房地产经纪人可以适当地将带客户看房的过程录制下来，发给客户，临走时告诉客户，这是送给他的小礼物，可以回家跟家人或朋友分享看房实景，增加客户体验。此外，经纪人还可以利用微信视频功能拍摄房源发送给意向客户，也可以利用微信视频作为带看证据，防止客户回头自己找业主而“跳单”。

（十三）文件传输助手——让手机变成售楼战斗机

在竞争越来越激烈的现代社会，效率显得愈加重要。对于房地产经纪人而言，同样是每天24小时，为什么有的经纪人将工作安排得井然有序，从容自如；有的经纪人从早忙到晚，废寝忘食，却依然有忙不完的工作？究其原因，最重要的无疑是效率。房地产经纪人的工作效率不仅关系到自身业绩的好坏，对于门店来说也是至关重要的。

经纪人经常需要在带看的前、中、后期与客户沟通、核对一些信息，并在带看后给客户传送购房合同；一天工作结束，晚上回到家还需要处理照片，并通过网络端口上传到自己的网店。其实，这些工作都可以通过微信的文件传输助手来解决，以提升工作效率。经纪人可以把常用的文件、语音、视频等通过文件传输助手收藏到微信，随时随地通过微信发给客户。

微信使用小技巧

进入微信聊天界面，然后打开电脑端浏览器，输入网址 https：//wx. qq. com/（或者直接搜索“微信网页版”），扫一扫登录微信网页版，点击手机的文件传输助手，如下图所示，便可上传或下载图片或文件到电脑。

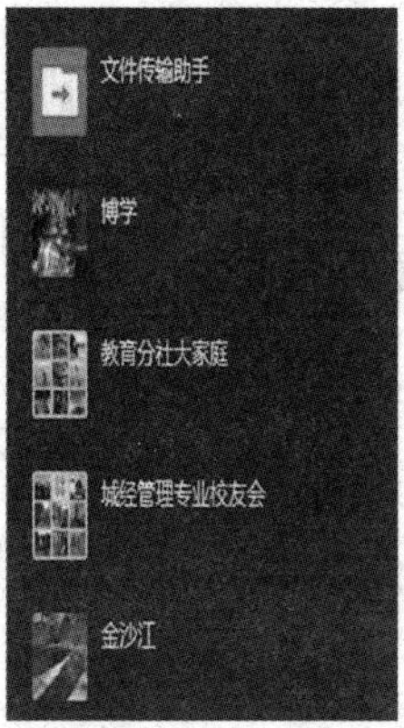

微信使用经验分享

1. 通过文件传输助手可以把房源图片或者视频、文字等传到电脑上，方便在电脑上编辑房源信息，从而推广房源。

2. 把电脑上的文件、图片传送到手机上，以备随时随地发文件给客户或在朋友圈推广房源。

3. 把公众平台资讯传送到电脑，在编辑制作微信公众平台的时候可以备用或使用。对于初涉微信公众平台的新手而言，这个方法是比较实用的，特别是对于比较忙碌，没有太多时间寻找资料的房地产经纪人，可以利用空余时间收藏比较好的图文，将其上传到电脑备用，方便开展房源推广工作。

二、利用微信服务客户的18个秘诀

（一）朋友圈封面——对客户进行营销的黄金广告牌

微信朋友圈是让客户不断了解你并产生信任感的重要渠道，如果你每天分享的内容对客户来说都非常有价值，那么，客户会主动查看你以往的微信内容，并开始关注你。此时，你要注意，你的朋友圈广告，特别是背景广告就开始影响你在客户心中的形象了，所以，这个广告背景对于房地产经纪人来说非常重要，它会起到增强信任感的作用。朋友圈的封面就是个人的广告墙，是自己的形象代言。

朋友圈封面需要不定期更换，要经常给客户新鲜感，传递新的、有效的信息。房地产经纪人要清楚，我们必须抱着打持久战的心态去做微信运营，而不是期待在更换了朋友圈封面以后订单就纷至沓来，若没有随之而来的订单，就失去了战斗下去的勇气和信心。同时，跟业主或客户采用打“游击战”或“躲猫猫”的方式在朋友圈进行交流也是不行的，倘若客户不能持续地收到你的信息和状态，就会对你失去信任，以致屏蔽你的朋友圈信息，你也就失去了与他深入沟通的机会。

那么，对于房地产经纪人来说，什么样的朋友圈封面可以帮助你建立与客户之间的信任感呢？首先，要体现你的专业度。例如，你从事房地产经纪的年限、服务的客户数量、客户的满意度等，都需要体现在封面照片上。其次，给客户带来的价值。例如，分享内容的价值、房源的价值等，还可以通过客户见证、名人合影等提升公信力。最后，如果是房源广告，需要给客户下达成交指令。例如，限时代卖时间、房源的稀缺性等。这方面的解决方案在后面朋友圈的运营章节将会详细分享。

微信使用小技巧

点击朋友圈封面图片，便出现“更换相册封面”，从“手机相册选择”中选择所需图片，如下图所示：

注：朋友圈封面的图片最好是正方形，长方形图片则只能截取图片的一部分，不能全部显示。

（二）朋友圈营销——发布房源的标准流程和技巧

微信改变的不只是生活，还有我们的工作方式，现在越来越多的经纪人会利用微信朋友圈来发布房源信息，但是发布的内容、样式千差万别。下面介绍一种比较常规的，但是效果显著的发布房源信息的流程。

第 1 步：打开自己的朋友圈，点击右上角的相机图标。

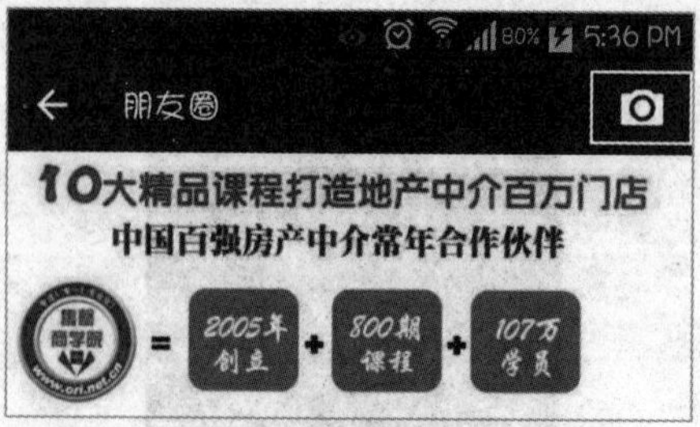

第 2 步：添加房源描述和照片。注意要仔细斟酌房源描述和图片质量，好的房源评价可以吸引更多的咨询量；而清晰、干净、舒服的照片肯定更吸引客户眼球。一般情况下，客厅、卧室、厨房照片以及户型图最好齐全。

第 3 步：这一步很关键，如果想让你的客户亲自来你的门店了解房源信息，那么这个时候所在位置就派上用场了，点击“所在位置”将自己门店的所在地址添加进去。

第 4 步：关于所在位置有两种设置方法。

第一种方法：进入“所在位置”，搜索相关地点后，选择自己门店的地址，然后勾选确定，就可以将你的门店位置添加进朋友圈的图文消息里了。这样有客户看到以后就知道你的门店位置在哪里，方便他直接找到你。当然，如果想加上自己的手机号，可以在发布朋友圈消息以后，在这条消息的第一条评论里加上“如果对该房源感兴趣，可以联系我，电话137××××××××”。

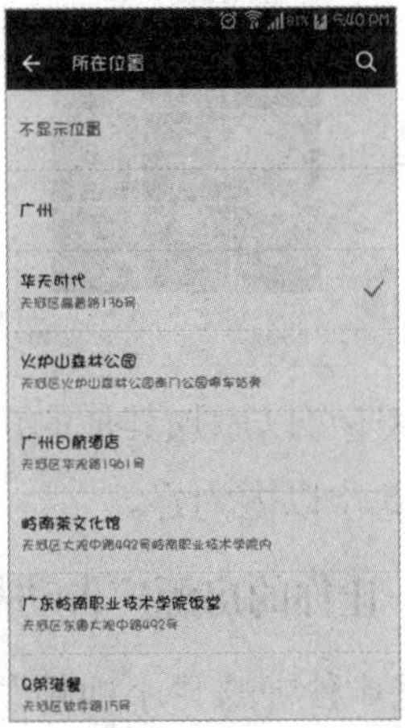

第二种方法：如果想更多地展示自己，还可以直接在“所在位置”中添加一个新的地点，然后在添加的新地点中把自己的信息展示出来。例如，搜索地点“高普路136号”，点击下面的“创建位置”，然后把你的手机号码写在位置名称里就可以了。具体操作如下图所示：

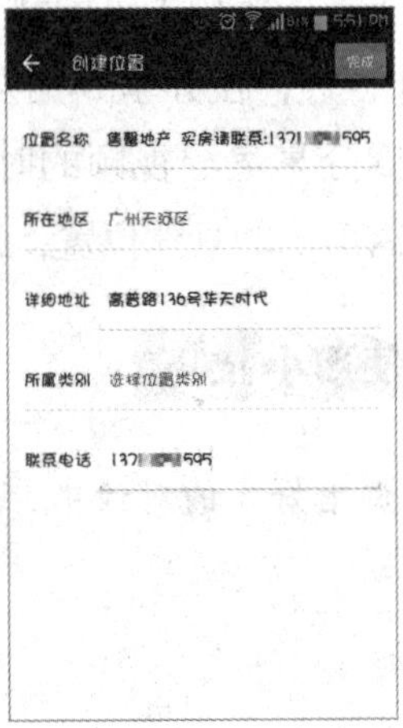

第5步：返回朋友圈发送页面，然后点击“发送”，就会呈现这样的效果。

当然，在位置名称处你还可以添加其他的广告，只要你觉得能吸引客户的都可以，字数控制在15字以内为好。

（三）朋友圈视频——让你的房源广告动起来

微信6.0可以直接发送6秒钟的“小视频”。对于房地产经纪人来说，小视频可以使用在展示小区环境优势或特色方面。除了使用图片和文字对房源进行描述外，有时候发送小视频附加文字更能给客户身临其境的体验感。

如果你要更加全面地展示房源，可以在平时的跑盘或带看过程中，把精耕房源或主推房源用手机录制下来，视频最好控制在15秒钟以内，最长不要超过30秒钟，在分享到朋友圈的时候加上房源描述。特别要注意的是，在朋友圈分享房源视频的时候，不要使用从房屋内部向外拍摄的视频，以免暴露房源的具体位置，给竞争对手制造撬盘机会。

微信使用小技巧

1. 在与微信好友的对话中，找到任意一个视频，长按视频，点击“收藏”。

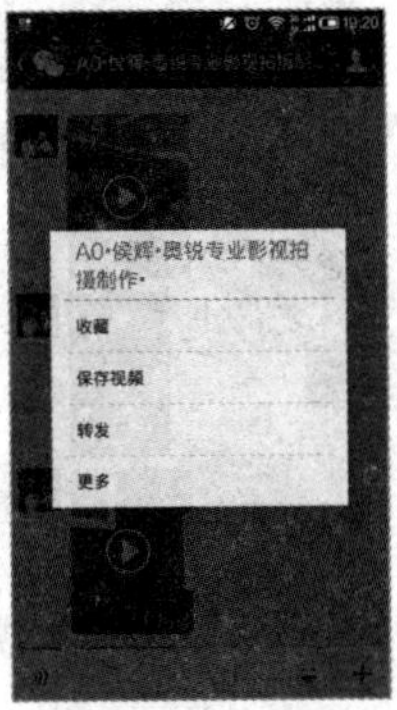

2. 点对话页面右上角的“微信”退出对话，在微信页面右下角的菜单栏点“我”。

3. 在“我”页面里找到“我的收藏”点开，在内容列表里点击你刚收藏的视频。

4. 点开页面右上角的按钮，在弹出窗里找到“分享到朋友圈”一项。现在你就可以静静地等着你的客户主动打电话找你咨询购买了。

（四）与微博、QQ空间同步，让房源推广变得更简单

移动互联网的高速发展让我们有了更多的社交渠道与信息发布推广渠道，但也给房地产经纪人带来莫大的信息管理压力，而微信在这方面给房地产经纪人却提供了一些快捷方式。把腾讯微博、QQ空间与微信朋友圈信息同步，通过朋友圈发送图文信息便可同时出现在其他两个渠道，提高我们推广的效率。

微信使用小技巧

打开微信朋友圈，发送图文消息，点击下面五角星标志或腾讯微博标志，即可完成同步操作。

（五）评论——让楼盘信息全部展现在客户眼前

在朋友圈分享图文资讯的时候，文字稍微长一点都会被自然收起，需

要点击才能看到全部内容，如果不超过 6 行则不会被收起。通常客户也不会主动点击阅读自动隐藏的文字，除非你的标题很吸引人。根据我们的研究，客户阅读图文的时间一般会控制在 3 秒钟左右。因此，为了更好地提升客户阅读你所分享的精彩资讯的概率，可以通过朋友圈评论功能实现不用点击就能看完分享内容，并复制所要发表的文字，点击“评论”，粘贴即可。

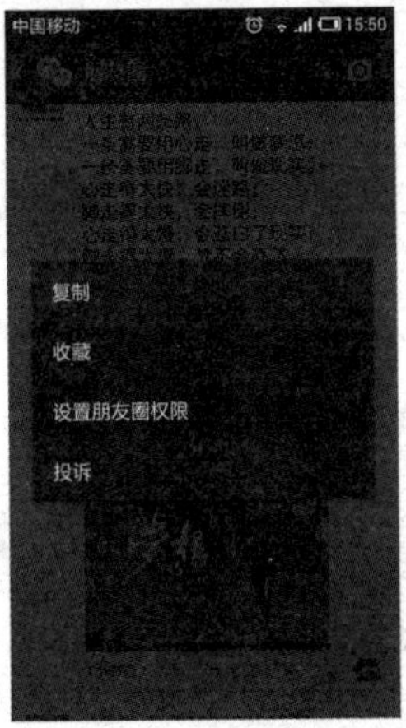

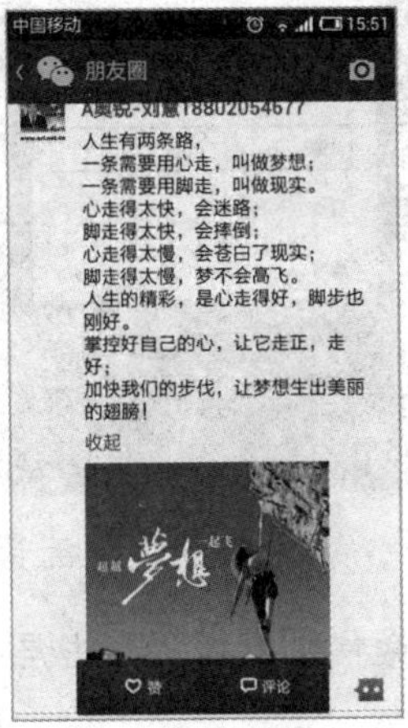

（六）收藏——打造服务于客户的素材仓库

不管刷朋友圈还是关注公众平台、与好友聊天等，你都会不经意看到一些很不错的段子或文章、图片、视频等，这个时候建议你收藏下来，适当的时机可以分享给客户或好友。如果你是刚入行的经纪人，在日常跑盘过程中可以收藏一些交通便利的约见位置，在进行带看准备工作的时候分享给客户，以提升你的服务体验。如果你从事房地产销售有一段时间了，就可以把从跑盘到带看乃至与客户谈判整个过程所需要的资料及话术梳理一下，并做好标签，在添加客户微信后，选择适当的时机发送给潜在购房客户。

微信使用小技巧

1. 收藏聊天窗口中的内容

在与好友的聊天窗口中，用手指按住想要收藏的文字信息不动，随后就会看到功能菜单出现在信息上方。点击“收藏”选项，即可把当前文字信息保存下来。

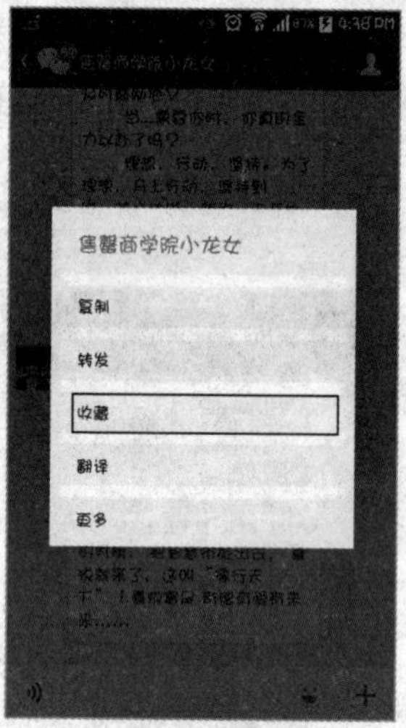

在与好友的聊天窗口中，按住想要收藏的语音信息不动，再点击“收藏”，收藏成功以后，返回微信主界面，点击屏幕右下角的“⋮”进入个人中心，再点击“我的收藏”选项，如下图所示：

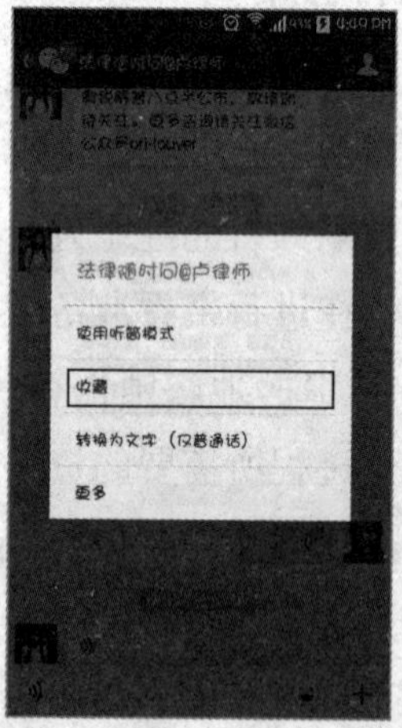

然后就可以看到之前收藏的内容都保存在这里了，如下图所示：

2. 收藏朋友圈中的内容

在朋友圈中用手指按住想要收藏的文字或者图片，点击“收藏”即可，如下图所示：

3. 收藏图片

“收藏图片”对于房地产经纪人来说是一个很有用的功能，可以收藏热卖中的楼盘图片，发送给客户。

选择手机相册中所需图片，收藏，如下图所示：

4. 收藏位置

在对话框中，长按已共享的位置，在弹出的窗口中点击“收藏”即可，下次就可以直接发送给客户了，如下图所示：

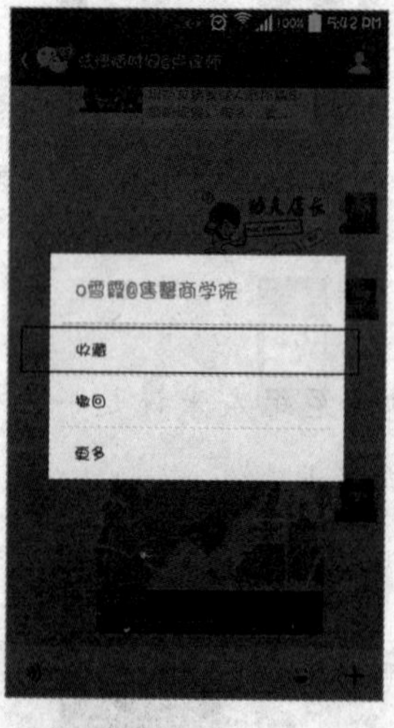

5. 收藏、发送手机中的文件内容

先点击屏幕右上角的“⋮”进入个人中心，如下图所示：

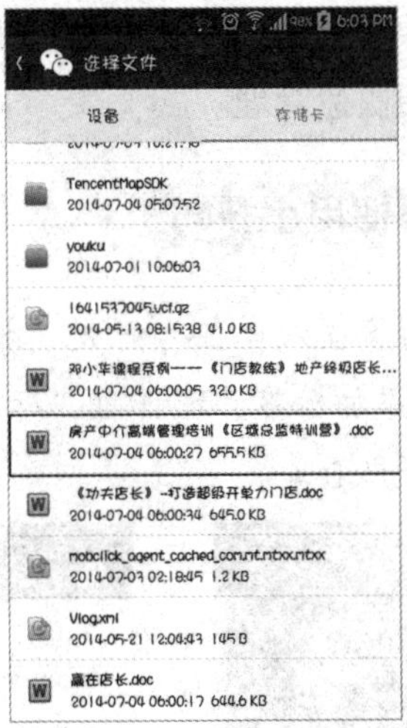

注：如果发送且接收查看文档，则需要手机中已安装诸如 WPS Office 等手机办公软件。

确定文件已在“收藏”中后，就可以将文件发送给客户了，如下图所示：

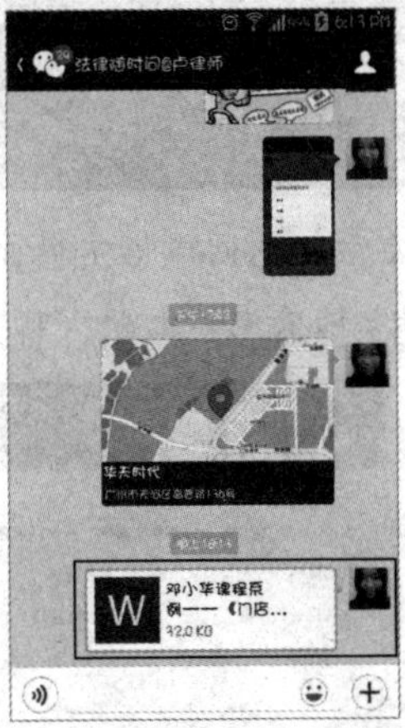

（七）标签——实现客户 ABC 管理秘密武器

前面我们提到，在开发客户的过程中，根据不同阶段记录客户的重要信息并添加标签，这是为了方便快速地搜索客户，精准找到客户，进行有针对性的沟通。

我们可以预先把商圈内的重点住宅或商铺、写字楼都在微信里做好标签，在后续开发客户的过程中，可以不断地把商圈内的客户归类到相应标签中，方便快速管理。

微信使用小技巧

标签的管理入口在为好友“添加备注及标签”按钮里面。点击“标签”，进入添加标签管理页面“标签管理”，可以添加或删除标签，以及添加或删除客户名单。

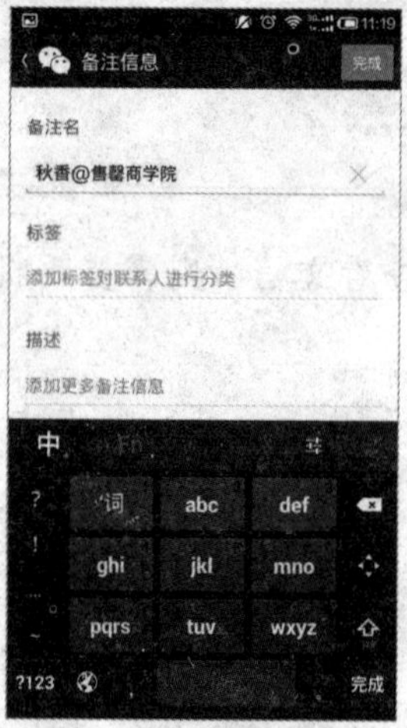

添加完你所需要的标签之后，返回微信主界面，点击右上角的“放大镜标志”，按标签搜索或根据关键字搜索客户名单、聊天记录、公众平台等信息。

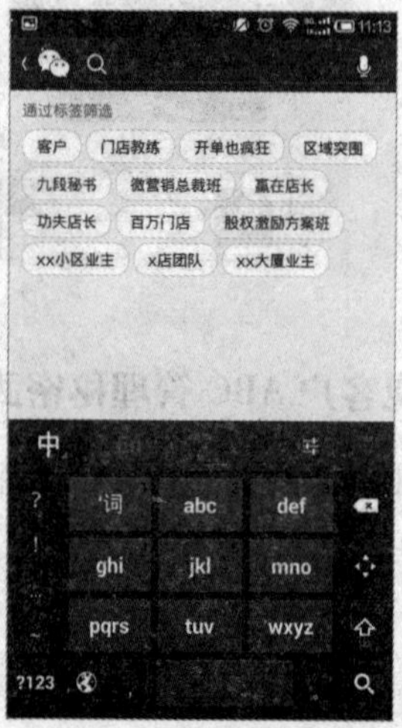

微信使用经验分享

当收藏的各种文件过多时，就不便于管理了，这时候给文件添加标签的好处就凸显出来了。因此，房地产经纪人在经营微信公众平台的过程中积累了大量的素材后，就可以通过添加标签的方式对所有的素材进行分类管理，以便准确、高效地推送给各类客户。

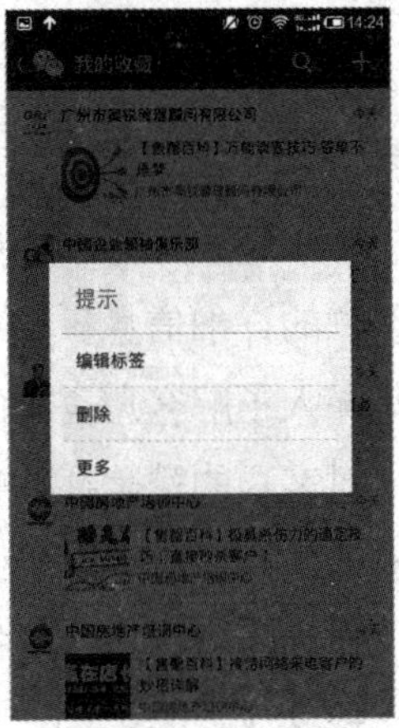

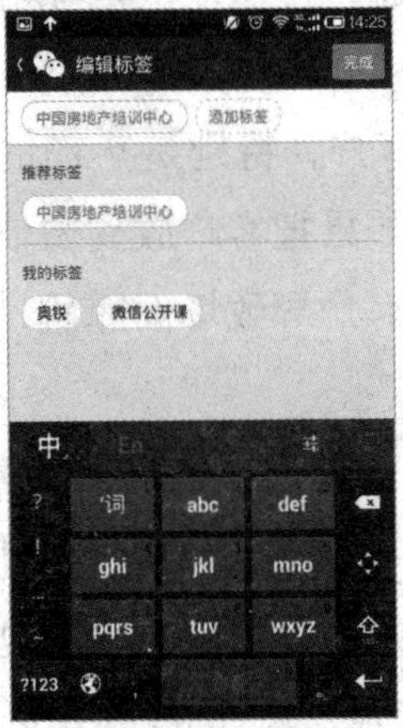

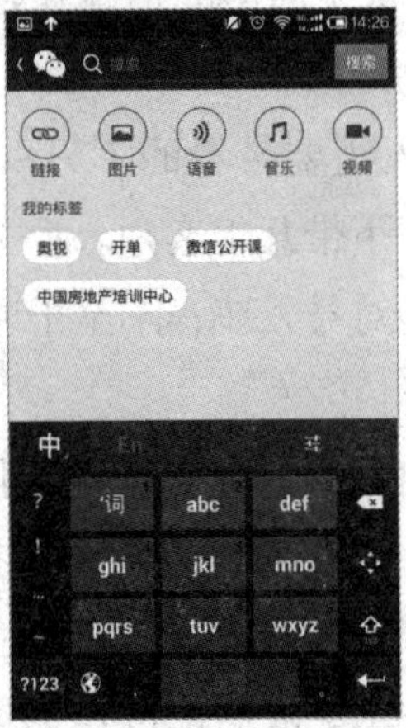

（八）聊天背景——3 秒钟俘获客户芳心

约客带看是房地产经纪人工作流程中最重要的一环，也是我们对客户进行深入了解的最佳时机。这一过程把握的好坏直接影响到交易的成功与否，带看把握得好，即使该次带看没有成功，也使我们对客户的需求和购房心理有了更深一步的了解，对以后的工作会有很大的帮助。

带看前，通常需要做很多准备工作，包括准备物品，如名片、买卖双方的联系电话、看房确认书、鞋套（包括客户的）等。还要依据对房源的了解程度选择带看路线，尽量避开脏乱差的环境和房产中介密集的道路，选择最能够突出房屋优势（交通便利、配套齐全、环境优美）的路线，增加印象分。

因为越来越多的客户是先通过网络渠道询盘前来看房的，房地产经纪人就可以通过网络渠道预先了解客户的详细信息，包括客户的职业、生活状态、兴趣爱好等，特别是通过微信渠道预约看房的，可以从朋友圈了解到客户的详细信息，这些信息可以成为带客看房过程中与客户沟通的话题或是深入了解客户需求的切入点。

对客户的赞美往往也能够加深客户对于房地产经纪人的印象，并提升自身信任感。房地产经纪人可以通过微信朋友圈或 QQ 等渠道收集客户的照片作为聊天背景，这样见面就有话题可以赞美客户了。最简单，也是客户比较喜欢听的，如“张小姐，你比照片上更漂亮了！皮肤保养得很好，是怎么做到的?”从这些日常生活中的话题开始沟通，可以很快消除客户的抗拒心理，并拉近彼此的距离。

有时候，房地产经纪人需要带看的不只一组客户，特别是热门的房源，有时候会聚焦带看，一下带几组客户。那么，如果把客户放到微信聊天背景上，就可以更清晰地对号入座，不至于叫错客户导致场面尴尬，给客户留下不好的印象。

在聊天窗口点击右上角的人头标志，进入聊天信息选择“聊天背景”选项，即可更改聊天背景。不仅有固定背景选择，还可选择相册内照片，或带看过程中随手拍一张照片作为背景。带看过程中随手拍摄的照片也是房地产经纪人带客看房的重要依据，可作为防止客户跳单的重要证据之一。

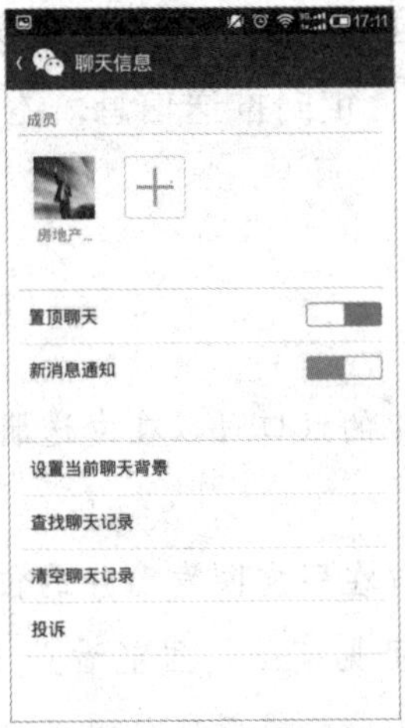

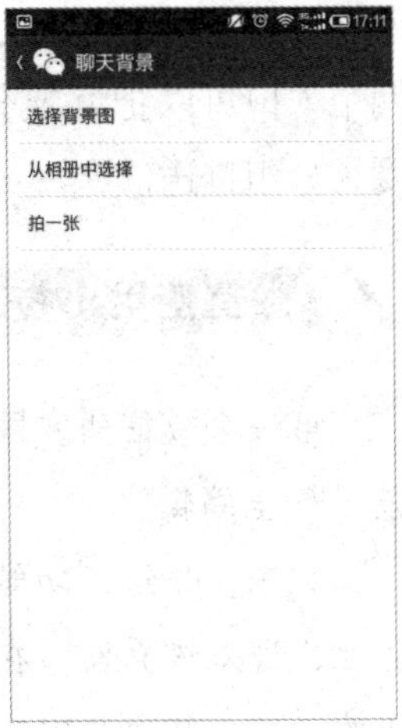

（九）好友分组——房源营销变得如此精准

在房价看跌、购房者持续观望时期，开源、节流是房地产企业两大过冬策略。越是在市场情况艰难的时候，传播的作用与需求越是凸显。在这样的大环境下，需要有效调整营销投资策略，评估各种营销模式的性价比，维持低价营销费用，保证优质营销效果，才是过冬王道。

“我知道广告费浪费了一半，但我不知道到底是哪一半。”这个哈姆雷特式的疑问一直困扰着硬广告投放和媒介研究。在经济紧缩的情况下，房地产企业的老板们更渴望每一分钱都花在刀刃上。因此，在房源推广费用缩减的情况下，基于强关系社交的微信朋友圈或将受到更多房地产经纪人的青睐。

智能手机与自媒体运用的爆发式增长，使得很多人的24小时都是这样度过的：不管是在家里还是在公司，是去见客户还是在去见客户的路上，手机24小时与他随身相伴。2011年微信横空出世以后，它成为每一部智能手机的标配，人人都在玩微信，于是微信朋友圈广告的24小时贴身性就展现无遗。

但是，如果每天都在朋友圈推送房源广告，客户会非常反感，甚至把你拉入黑名单，这样你发的广告在朋友圈里就显示不出来。所以，朋友圈营销也需把握一个尺度，要适当推送房源信息，多分享一些对客户有价值的资讯，慢慢影响客户，进而产生购房行为，否则，一旦被客户拉入黑名单，之前所做的一切努力都将付诸东流。

其实，我们可以针对不同的客户，不定时推送一些精准广告，这样既不会骚扰所有的好友，也可以把握广告的精准度及投放的节奏。朋友圈有两个入口可以把好友分组，定向推送信息，还可以把微信群组导入朋友圈，分组推送信息。

微信使用小技巧

第一个微信朋友圈分组的入口可以在发送朋友圈图文信息时的“可见范围”里编辑。

首先，分组的功能入口在朋友圈发照片的位置。如下图所示，选择照片后，进入该界面，在“可见范围”里能看见“公开”，这就是朋友圈分组的入口。其次，编辑我的分组或新建分组点击“新建分组”后，进入选择联系人界面，至少选择两位好友，给该组修改组名。最后，分组发送朋友圈消息，选择将要发送的目标分组。

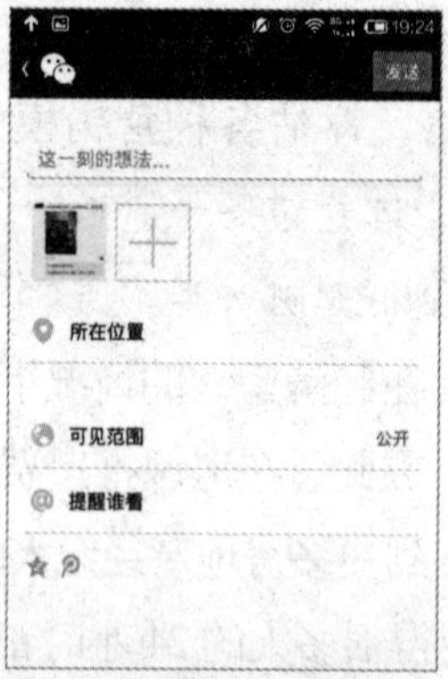

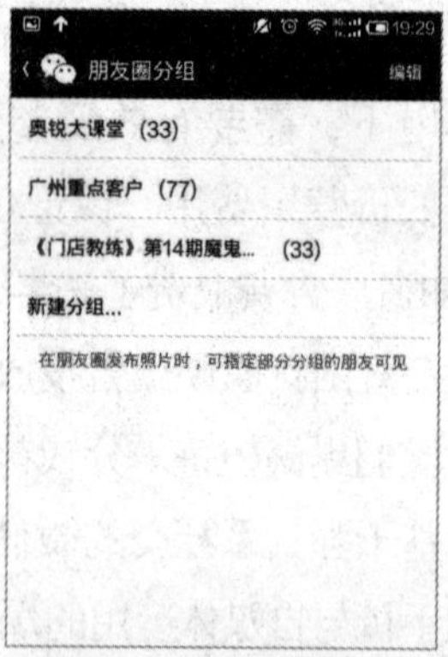

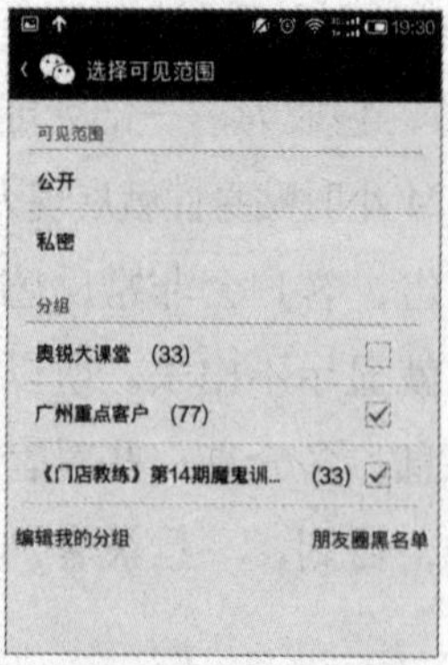

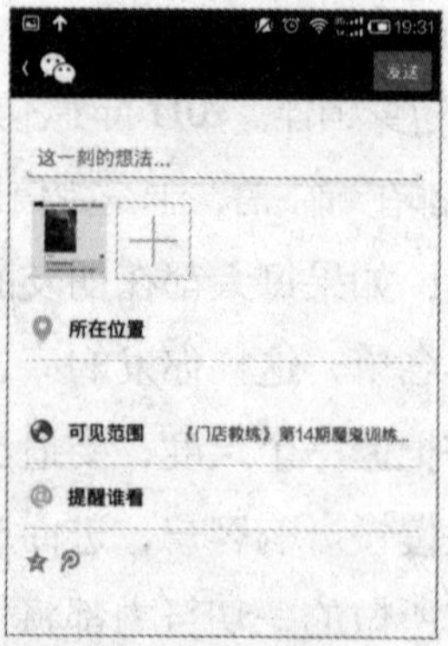

第二个微信朋友圈分组的入口在前面提到的“隐私”设置里，入口分

组编辑跟第一种相同。

（十）聊天记录保存——好记性不如烂手机

在售楼工作中，跟客户沟通的信息也是多种多样的。房地产经纪人可以有选择性地删掉一些不重要的信息，将重要的信息不定期保存备份，以作为交易过程中或成交之后发生纠纷的备份材料。同时，备份信息也可以在手机出现问题，微信信息全部丢失时派上用场。

聊天记录保存操作起来很简单，在右上角选择“设置”，进入“通用”，选择“聊天记录迁移”，就可以轻松上传和下载聊天记录。值得注意的是，目前上传的聊天记录只能保存七天。

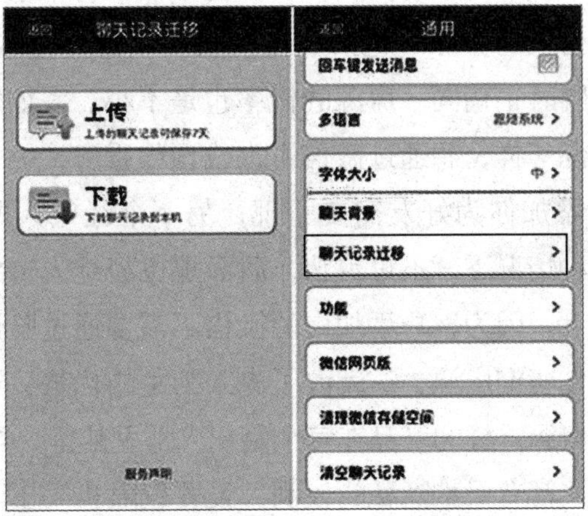

（十一）祝福表情，让客户也疯狂

如果你知道客户生日，输入“生日快乐”，屏幕上就会掉下蛋糕的表情；输入“么么哒”，则会掉下“送飞吻”的表情；输入“miss u”“想你了”，则会掉下“小星星”，惊喜吧？

（十二）隐私设置——你在不经意间拒绝了客户

作为房地产经纪人，客户量就是提升业绩的重要筹码。从某种意义上说，我们不应该拒绝认识任何一个人，不管他是什么背景，即使他不买房，也不代表他的朋友圈里没有人买得起房子。在做微营销的过程中，我们更应该以一种互联网似的开放心态去容纳更多的潜在客户，而有一个很容易被我们忽略又至关重要的细节，那就是微信里的隐私设置。

在一个商圈内，通常都不会只有一家房产经纪公司或者一个门店存在，特别是在人气较旺的中心商圈，一条街往往会有十家、八家的房产中介门店。各中介公司的房源（包括一二手联动项目）基本也都大同小异，不同门店经纪人同时销售同一房源的概率也是不小。假如客户在网上看到两个经纪人的房源一样，想通过微信咨询或预约看房，一个经纪人设置了隐私权限，客户添加你为好友需要验证，另一个经纪人取消添加好友权限，那么，在这种情况下，不可否认，后面那位经纪人得到这个客源的机会相对就会比较大，因为客户添加你的微信不需要通过验证，添加完成立马可以发消息向你咨询房源，这就占了先入为主的优势，这个道理相信大家都懂，再说，房源这样的产品在每个经纪人那里都是一样的。

当然，每个人都有保护隐私的权利，设置权限也是出于减少被骚扰可能的考虑。其实，作为销售人员，我们可以申请多个微信账号，将工作与生活分开，这样可以更好地管理自身言论。对于朋友圈权限，除了“拉黑”功能，还可以设置是否允许陌生人查看自己的十张照片，最高限度保证自己的隐私不会被泄露。对于工作中使用的微信，开放朋友圈权限可以让客户最大限度地了解你的状态，获取更多房源信息，进而增加与客户沟通的机会。

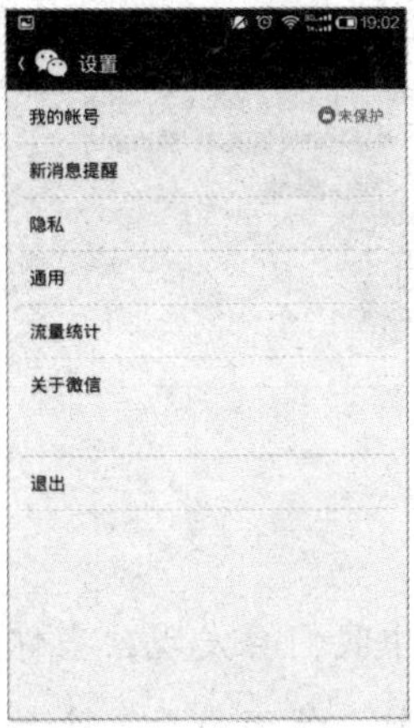

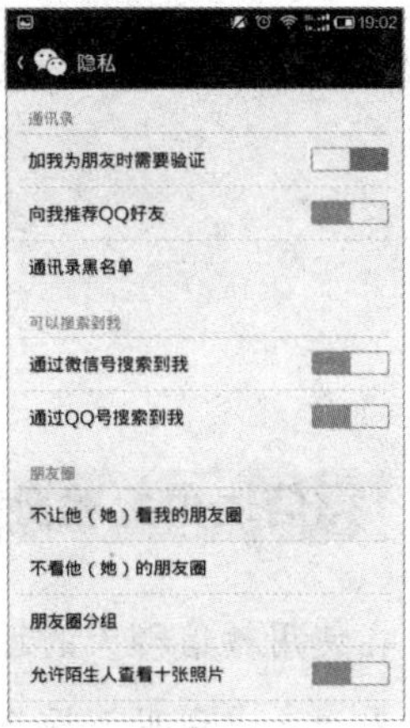

（十三）第三方平台——开发及维护客户的重型武器

房地产经纪人在开发维护客户的过程中，不可避免地要面对这样一个现实：如何创造话题，保持与客户持续且有效的沟通，不断提升信任感，培养与客户之间的感情，为客户转介绍或挖掘潜在客户做好基础工作。在自媒体时代，营销首先需要的是内容，而非广告，有了好的内容，才能不断吸引客户，创造流量，增加客户储备量，进而增加更多的销售机会。所以，在微营销过程中，我们要做的一项基础工作就是创造内容，这也可以借助第三方平台 APP 持续分享精彩内容，不会让客户觉得除了广告没有其他新鲜信息分享。同时，可以把一些大文件放到云端，减少手机内存压力。

2014 年夏天，有这样一条微信在朋友圈里广为流传：某些销售人员太过现实，不管群发信息还是朋友圈分享信息，不是广告就是心灵鸡汤，或者工作鸡汤，恨不得一见客户就想马上成交。这样的心态在产品极度过剩、信息爆炸的互联网时代非常不现实，会致使很多人极力把你屏蔽掉。房地产经纪人做的就是最基础的微信营销，在整个营销过程中要保持平和的心态，循序渐进，不要急于求成，否则很可能适得其反。

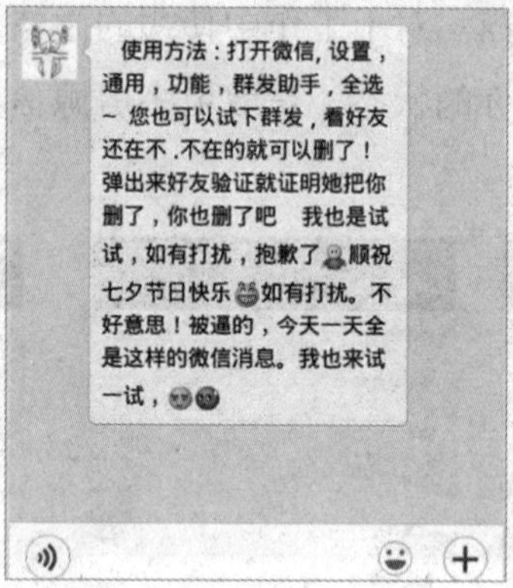

微信使用经验分享

在使用微信聊天的过程中我们会发现，当你通过“+”呼出更多功能时，界面会出现更多操作导航，然而最后一个按钮并非某个功能，而是添加操作。通过该功能，你可以添加更多第三方平台，添加后可以直接在微信中快速跳转，并且这些软件也都支持微信分享信息。

根据不同客户的实际情况，我们可以选择不同内容作为传播工具，例如，百度云可以上传各种视频或文件，酷狗可以微信点歌，互动吧可以发布活动或投票等。

（十四）原图，让房源照片亮瞎客户的眼

在发送图片给客户的过程中，传送的图片会自动压缩变小。如果你要发送清晰度更高的房源照片给客户，可以通过下面三步操作完成：

（1）点击添加图片。

（2）进入你的相册，选出你要发送的图片并打开，点击左下角的“原图”选项，然后点击“选择”。

（3）点击“发送”，就可以把比较清晰的房源图片发给客户了。

（十五）群置顶——让业绩也置顶

微信群是经纪人做微营销开发客源的重要渠道之一，那么，随着客户储备量的不断增加，微信群的数量也会爆发式增长。目前的微信还没有像QQ那样可以把好友和群分类管理，只会按照对话聊天的时间排列好友和群的顺序，这样就比较混乱。所以，为了更好地管理微信群，可以把添加的微信群都置顶聊天，这样好友跟微信群就会分开，找微信群也比较方便，以免错过一些比较重要的微信群信息，也可以提升工作效率。同时，微信群不会像QQ群那样，在什么地方登录都会显示所有的群，因此，为了防止重要群丢失，建议把群保存到通讯录，这样在新的手机或移动终端登录才能看到。微信群置顶聊天操作也很简单，只要长按微群，出现“删除群聊消息”和“置顶聊天”，选择相应的选项即可，也可以“取消置顶”。

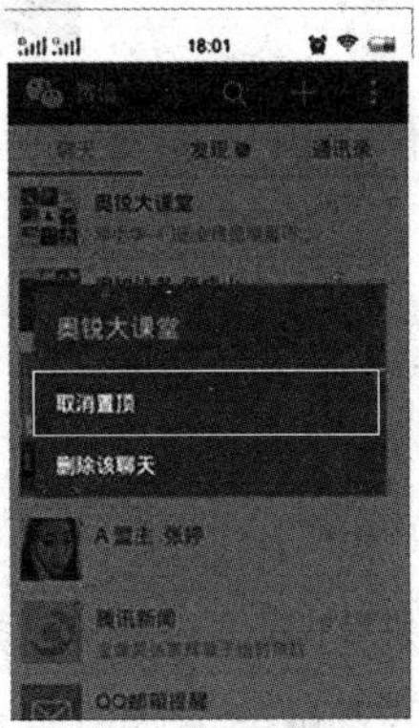

（十六）有人@你——个性化关怀客户需求

有些客户会通过微信群咨询房源信息，了解房价，这对我们来说是很重要的。那么，在关注这些信息的过程中，除了添加好友私聊之外，也可以在群里回应相应问题以便让更多成员了解房源，产生广告效应。同时对于具体咨询的客户，为了提醒客户你已经回答了他所关心的问题，你可以@他/她，只要用手指按住他在群里的头像一两秒钟，他的名字就会出现在聊天输入栏里面，再输入你要回答的问题就可以了。这样，不管群信息有多少，他打开微信就会在群前面显示红色字体“有人@你”字样，并快速知道你已经解答了他的问题，这也是提升客户对你的印象及售前体验的一个小小细节。

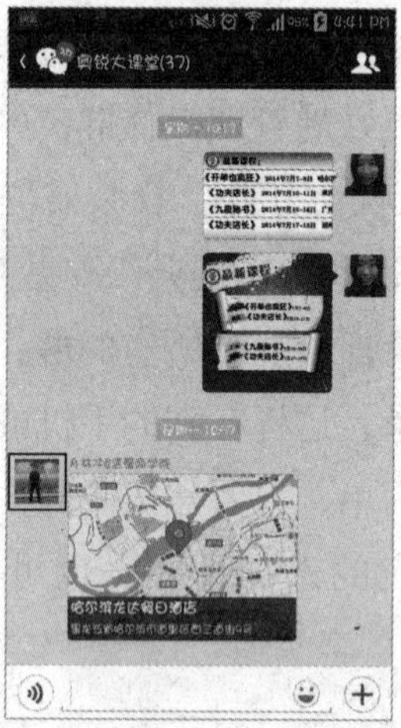

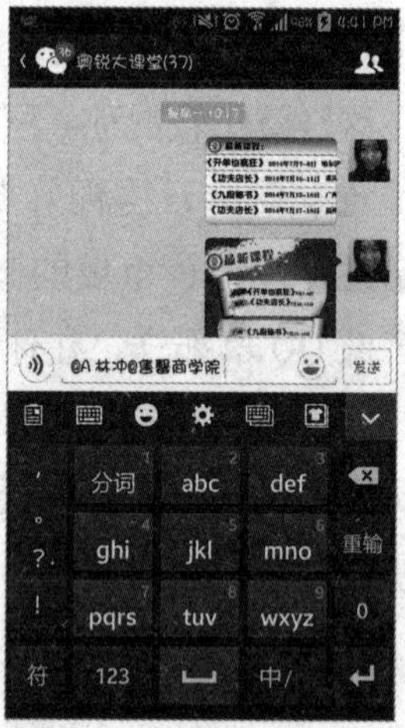

（十七）信息删除——截杀潜伏朋友圈的同行

在一个商圈中多家中介门店同时存在是再正常不过的了，关于经纪人抢客抢单的事也偶见于媒体。但是通过潜伏微信朋友圈抢单或许还是一个惊天秘密！

前面我们也分享了添加好友的一些方法，包括附近的人等，所以，经纪人添加到同行也是不可避免的事。对于购房客户来说，通过到店咨询、商圈推广、网络推广等渠道也有可能添加到商圈里不同经纪人的微信，这样一来，经纪人在朋友圈发送的房源等信息就都有可能被竞争对手了解到。与此同时，经纪人与客户在朋友圈里的评论也会被一览无余。这样一来，如果真的遇到潜在购房客户，被竞争对手抢单就绝非空穴来风了。

为了避免上述情况发生，你可以在朋友圈直接点击客户名字单独回复他信息，不过，如果你与竞争对手之间存在相同客户，那么你的回复就会被竞争对手看到，所以在发送关于询盘、房价等重要信息时就需要注意了。同时，朋友圈还支持删除你的信息，你只需点击自己发送的信息，即可删除掉已回复的内容，这样有些涉及客户隐私及公司机密误发的信息便可及时删除。

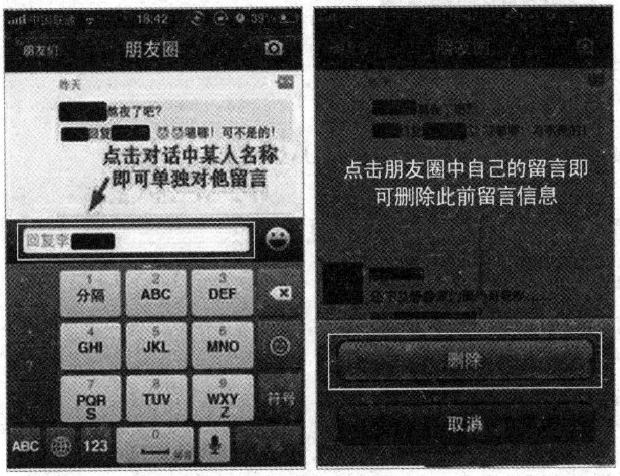

（十八）拉黑——安全潜伏到对手朋友圈

在任何与人联系的工具中，不可避免地会潜伏着我们的竞争对手，所以在朋友圈中，你分享的东西就很可能被这些竞争对手看到，或者你不想被某些人看到自己朋友圈中的信息。如果你有这样的苦恼，就可以拉黑他（她）的朋友圈。

（1）点击“发现”并进入“朋友圈”。

（2）在想拉黑的人头像上长按一秒钟左右。

（3）这时候就会弹出菜单，点“设置朋友圈权限”。

（4）这时候就可以进行设置了。选择“加入黑名单”（他或她将无法看到你的朋友圈内容）或“不看他（她）的朋友圈”（你将无法看到他或她的朋友圈信息）。

由此可见，微信朋友圈可以自己做主“谁看”以及“不看谁”。

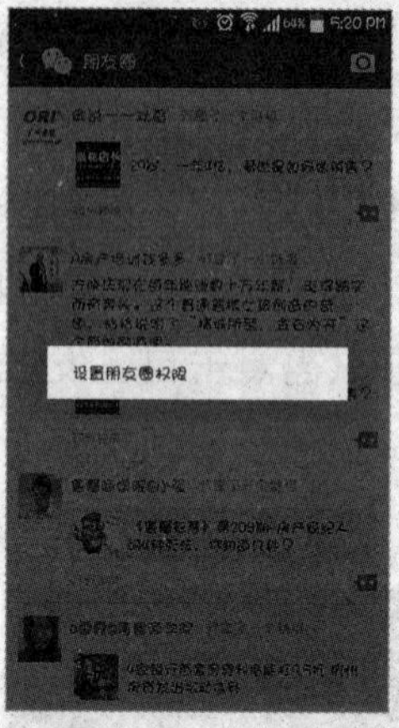

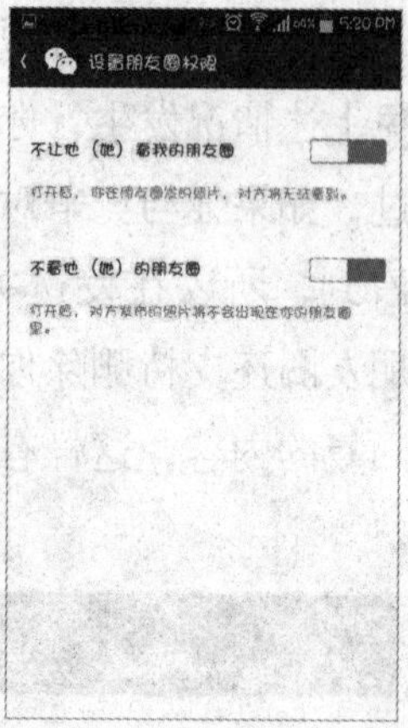

三、微信售楼的 19 个应用小技巧

（一）微信字体，没有最大，只有更大

微信的原字体大小只有小、中、大三个选项，但最新版又添加了超大、特大两项。大家可以设置体验一下，真的非常大，非常霸气。

微信使用小技巧

点击“右上角”—“设置”—“通用”—“字体”大小。

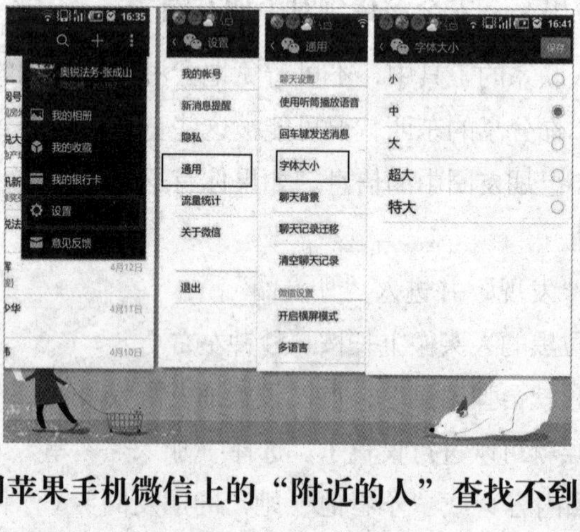

（二）利用苹果手机微信上的“附近的人”查找不到“我”怎么办

在苹果手机上使用微信会出现这样的情况：点击“附近的人”，但是

个人签名和个人相册闪一下就没了，只剩下打招呼和举报了，这是什么原因呢？IOS 系统都是这样的，看不见陌生人的相册，只能看见打招呼和举报。解决办法就是把 Wi-Fi 关了用移动网络，以减缓网速，这样在查看“附近的人”的时候，你会在 0.5 秒钟之内看到相册，接着就可以以迅雷不及掩耳之势点击照片并查看了。这种方法就要考验你手的速度了。

那么，利用微信“附近的人”查找不到“我”具体该怎么办呢？解决方法如下：

（1）检查手机是否打开了定位功能。

（2）检查是否给微信“附近的人”授权了。

（3）有可能与个性签名有关，删除或者换个性签名试试。

（4）退出微信，然后重启手机，再重新输入微信账号和密码试试。

（三）如何查看当前微信会话总数与上传聊天记录

进入微信“设置”里面的“通用”选项，点击“聊天记录迁移”的“上传”功能，系统即会统计当前聊天会话总数，让你一眼就能看出到底有多少人在跟你聊天，同时还支持上传保存聊天记录。

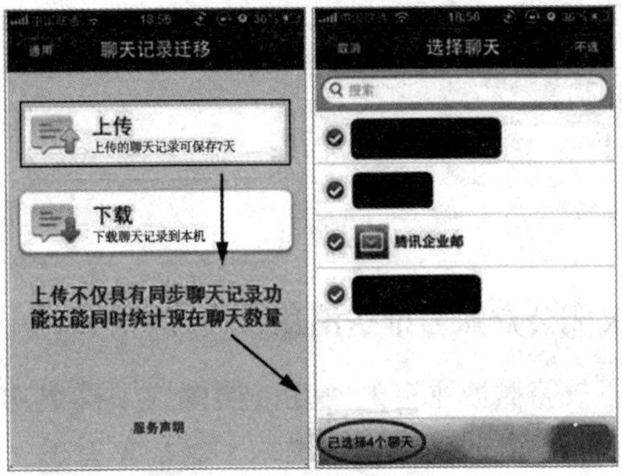

（四）如何同步微信聊天记录

其实这个功能就是“聊天记录迁移”的“下载”功能，通过该功能即可完成聊天记录同步，避免在其他手机上无法查看之前的聊天信息。

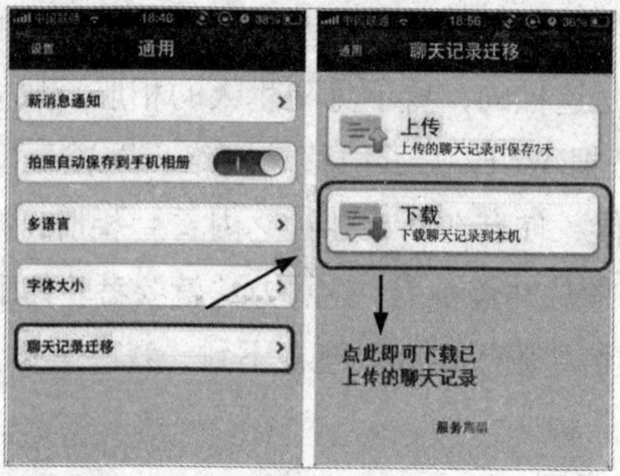

（五）如何查找聊天记录

对于经常使用微信聊天的朋友来说，聊多了最怕的就是“断章”，如何查找某条特定的聊天记录呢？同样是先进入“聊天信息”，然后点击“查找聊天内容”，即可搜索查找某条聊天记录。

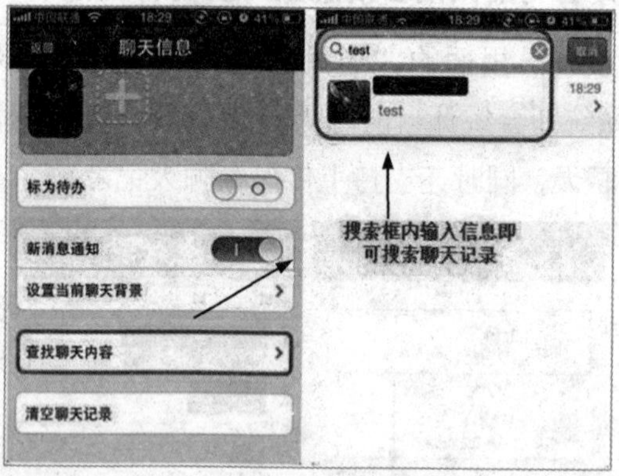

（六）如何关闭公众账号推送消息

微信的发展不仅将微博平台的@ 功能照搬到了群组功能中，还将微博平台最火热的某某明星微博认证也照搬到了微信平台上，这就使得你可以在微信平台上关注这些明星微信，当然，真假就不知道了。有的人喜欢随波逐流，觉得别人关注了那么多明星微信，自己不关注几个，好像思想很落后似的，但关注后又经常收到一些没有价值的推送信息。在这种情况下，你就可以在通讯录公众账号内点击个别公众账号，关闭接收信息提醒。

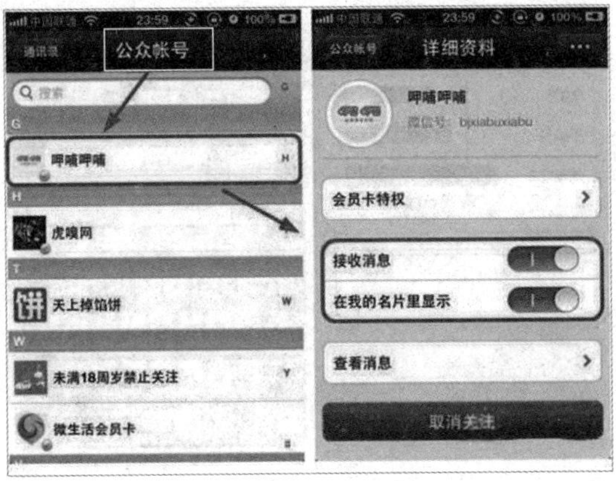

（七）如何撤回消息

这是微信 5.3.1 版本新增的特性，很实用，用户可撤回 2 分钟内发出的最后一条消息。

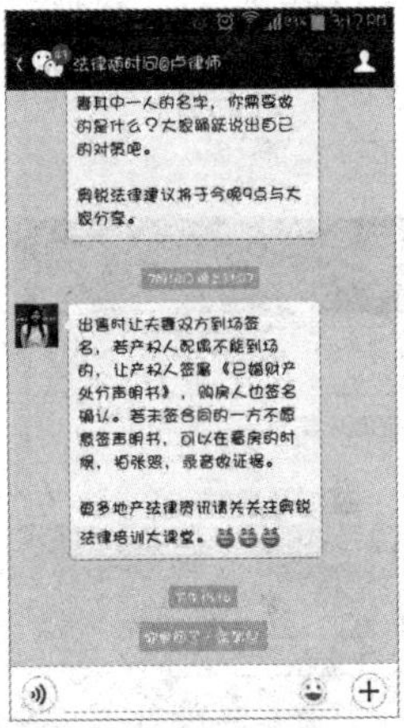

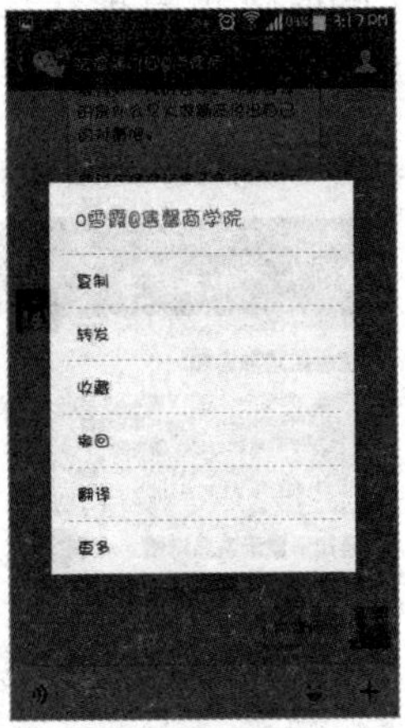

（八）如何设置微信独立密码，防止客户资料泄露

QQ 号可作为微信账户使用，但随之而来的问题就是，当 QQ 密码泄露时，微信通讯录也就泄露了，这种情况很容易出现在售楼竞争中间。其实微信在设置账号时即提供了“独立密码”设置功能，方便你设置一个微信专属密码，防止微信资料泄露。

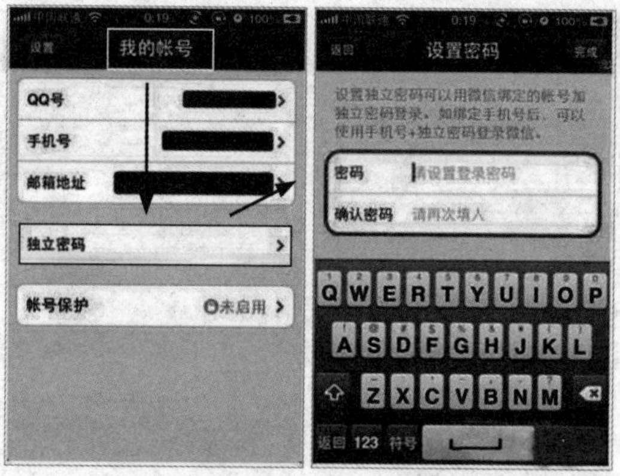

（九）如何开启夜间免打扰模式

当你的手机处于联网状态时，微信会自动在后台接收朋友发来的信息。在白天频繁接收这样的信息没问题，但是到了深夜，当我们加班加点上传房源信息的时候再有推送信息，就有点吵人了。对此，微信在“通用”里面特别设计了“勿扰模式”，通过开启“勿扰模式”，即便在联网状态下，微信信息也不会影响你加班工作了。

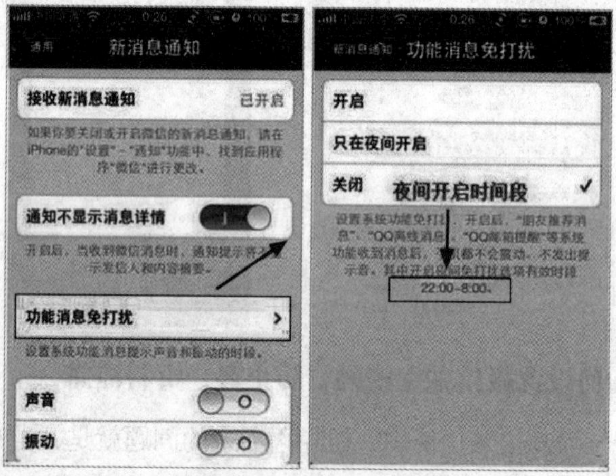

（十）如何给昵称添加表情

进入微信聊天界面，输入你喜欢的表情，复制该表情，返回个人昵称设置页面，在修改昵称的时候粘贴，就可以显示个性昵称了。

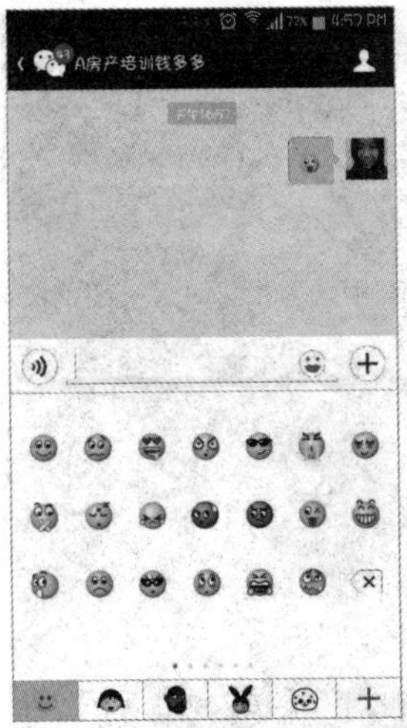

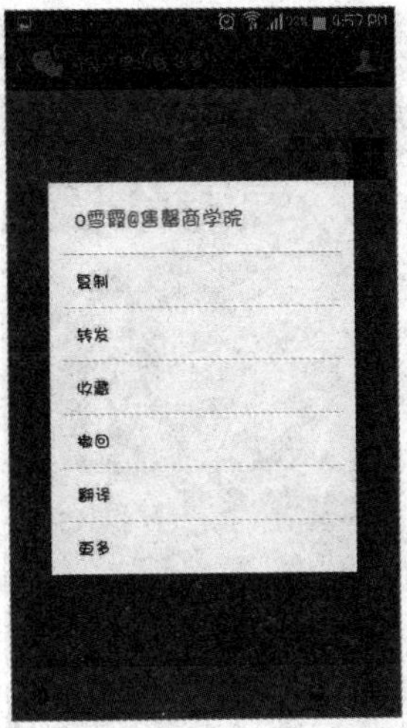

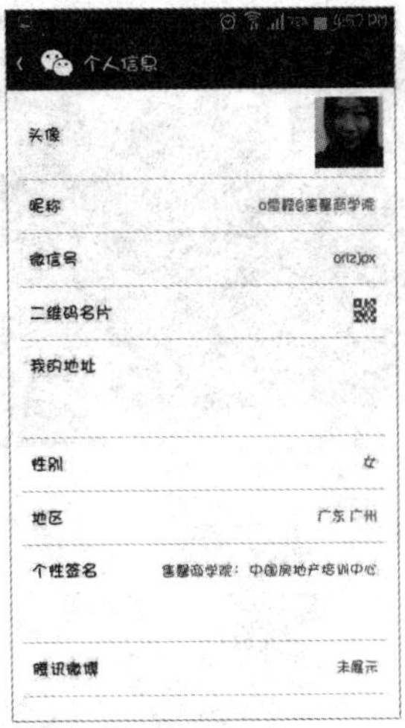

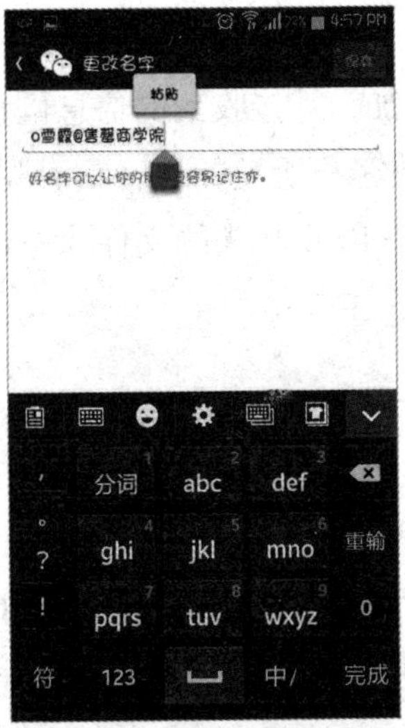

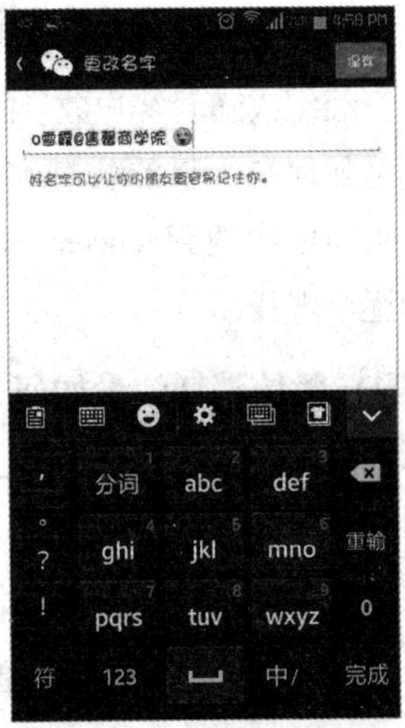

（十一）如何取消正在进行的语音发送

当你按住语音键说话，并发送语音的瞬间，突然发现语音有误不想发送的时候怎么办？这时，不要抬起手指，向上滑动即可取消发送。

（十二）如何隐藏已发布的图片

点击“我的相册”进入个人主页，点击要隐藏的图片，再点击右上角三点竖排的图标，选择“设为私密照片”。

（十三）如何找到客户发的语音

房地产经纪人随着客户数量的不断增加，其接收到的信息量也会越来越多，那么如何在大量的信息中找到先前客户所发的语音信息呢？在 SD 卡的文件夹内依次找到 tencent—micromsg—以 d 开头的文件夹—voice，再按照时间逐个查找即可。

（十四）微信消耗流量如何

语音流量：每秒钟消耗 0.9～1.2KB。

文字流量：1MB 可发约 1000 条文字消息。

图片流量：根据原图质量，可压缩至发送每张照片消耗 20～200KB。

上传通讯录：每上传 100 条通信信息可消耗 2KB。

（十五）如何自定义群名字

（1）进入想要自定义名字的微信群。

（2）点击右上角的人头像按钮。

（3）选择“我在本群的昵称”，就可以自定义你在群里的名字了。

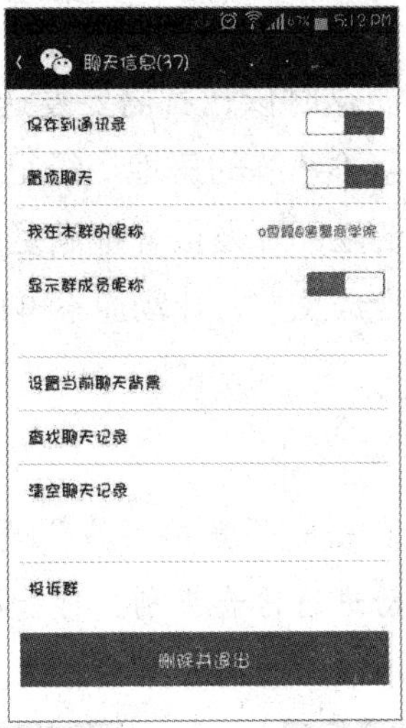

（十六）全屏阅读——轻松与客户沟通

房地产经纪人在开发客户或带看过程中，面对的是不同年龄层的客户。对于使用微信阅读信息有障碍的上了年纪的客户或业主，房地产经纪人在展示文字信息或是政策文件时，可以双击聊天信息，将文字放大至全屏阅读，让客户阅读更轻松。

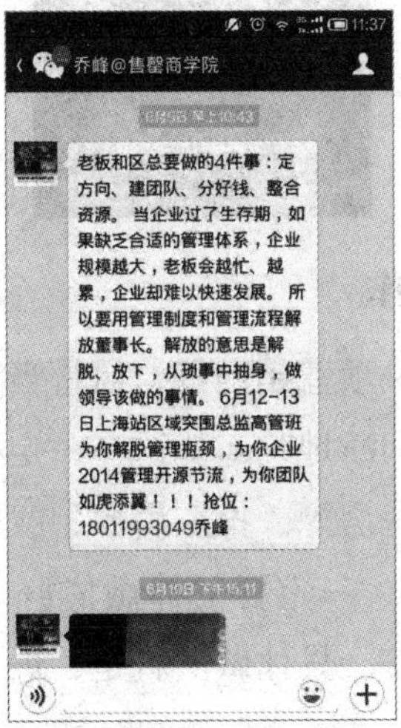

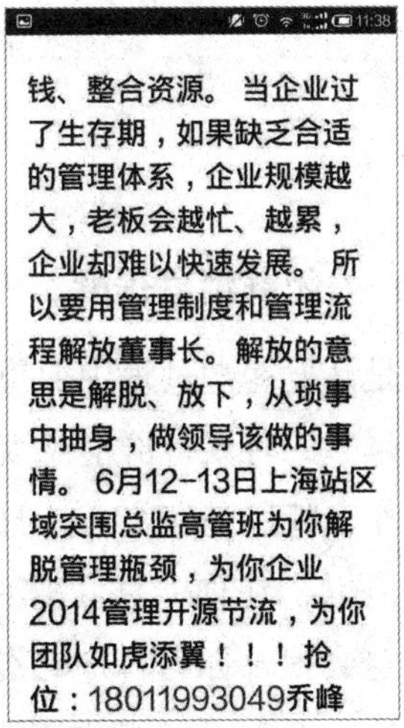

（十七）不想打字——说说话一秒变文字

不会打字一样可以玩转微信。

在售楼过程中，有时候会碰到这样的情况：客户不想接房地产经纪人的电话，微信语音也不听。这时候，就需要发送文字信息给客户。但是，对于那些使用手机输入文字不熟练的房地产经纪人而言，就会或多或少地遇到问题。微信在这方面的功能开发很好地满足了此类房地产经纪人的需求，录入语音1秒钟即可变成文字，让沟通不再存在障碍。

微信使用小技巧

在微信聊天界面中，点击右下角的“+”号，再点击“语音输入”，对着麦克风说话，就能自动进行语音识别，你想要输入的文字就会显示在输入框中。经测试，识别准确率超高，非常方便。

（十八）关闭群消息提醒，专注工作

微信群是开发客户过程中很重要的一项营销利器，但是当我们管理运营的群越来越多的时候，群消息就会不间断地响起。这在一定程度上会影响我们的工作，特别是在给客户打电话找房源、推广房源，或是带客户看房的时候。所以，在你专注工作的时候，一定要关掉微信群“消息提示音”功能，这会提升你与客户的沟通效率。具体做法就是，进入你想关闭消息提醒的群，点击“详细设置”，关闭“新消息通知”即可。这样你既可以正常收到群聊天内容，也不会被诸多消息骚扰。

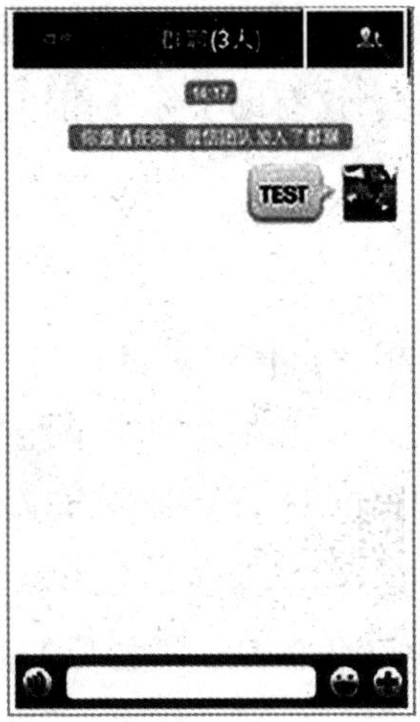

（十九）如何删除不愉快的微信聊天记录

在微信聊天界面中，既可以删除单条消息，也可以删除会话。触屏手机通过长按消息或会话的方式删除，有按键的手机则通过选项按钮找到删除入口。

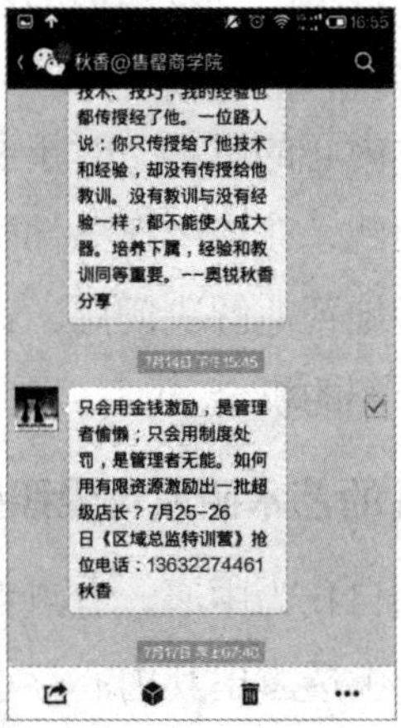

四、微信粉丝类型及应对粉丝的技巧

在现实生活的人际交往中，你可以从一个人的穿着打扮或气质中了解对方的职业或其他个人信息。而在网络社交中，大多数情况下你与对方都是素未谋面，那么，应该如何通过一些细节去判断对方，从而选择有效的沟通方式呢？在微信中，头像就是很好地显示客户性格的信息之一。你可以通过头像获取或猜测客户的相关信息，这有助于你在售楼过程中掌握更多的主动权。

（一）用随和的生活照做头像

这类人一般比较容易接纳别人，相对自信，对自己的外貌等信心十足。不管是在现实生活中，还是在网络上，都相对热衷于社交，容易接纳微信好友。一般情况下，这种类型的人内心不会隐藏太多秘密，做事光明磊落，说话会比较直接，所以在沟通时，你不需要太多的拐弯抹角；但另一方面，如果你一味给对方推销或发送广告信息，被拉黑的概率往往也是比较大的。

（二）用端庄正式的证件照做头像

使用这类头像的人一般为人中规中矩，不敢越雷池一步，其内心往往很压抑。通常这种人不喜欢太过花哨的东西，不喜欢跟别人开玩笑。这类客户在选房时，注重房子所带来的方方面面的好处。如果你了解对方的职业，就要多赞美客户，充分肯定对方的事业及其对家庭的付出等。对方一般来说喜欢被人赞美以释放内心的压抑。对于委托放盘的业主来说，他们比较注重经纪人的承诺。因此，在谈委托条件时，你需要更多地站在对方的角度考虑问题，尽可能多地帮他解决问题，这样才会获取这类业主对你的信任，并增加其为你转介绍的机会。

（三）用经软件处理过的艺术照或可爱照做头像

这种类型的人往往会以自我为中心，有点自恋，偶尔会不太注意顾及别人的感受，也在一定程度上透露出其内心存在的自卑感，不能很好地认识到自己在某一方面存在的缺点。所以，在使用微信沟通时，你需要尽量多听少说，多用提问的方式与对方沟通，让对方最多、最真实地表达需求。

（四）用远距离不太清晰的全身照做头像

这种类型的人通常会比较注重个人隐私，自我保护意识较强，不易接近陌生人，基本上不会太过于主动与别人攀谈并迅速建立朋友关系。例如，委托放盘的业主一般不会马上透露卖房的真正原因；而买房的业主则需要你使用提问的方式或电话、短信、微信等多种工具不断沟通，进而建立较为熟悉的关系，并探寻其需求。

（五）用非常规角度自拍照或超级特写做头像

这种类型的人渴望被别人接纳和认可，但不会完全暴露出来，也不太轻易信任陌生人，经常会用自认为有艺术感的形式掩饰内心的需求。使用这种类型头像的人多为“90后”，从事艺术类工作或对金钱有强烈欲望的占多数，当然也不排除有些是“富二代”“官二代”，这些人都是有购房需求的潜在客户。

（六）用童年照片做头像

这种类型的人一般都留恋过去的美好生活或辉煌时刻，容易伤感，不易改变，有些经历过生活的挫折。年轻人使用童年照的比较多，而这类人往往是购买婚房或学区房的客户。跟他们交谈时要多用肯定的语言，闲聊时不要过多谈论过去的经历。

（七）用家人的照片做头像

这种类型的人一般对家庭的依赖感较强，渴望时刻得到家庭的温暖，缺乏安全感。一方面，这类人在买房时通常需要跟家里人商量，有时候不是关键的决策人，需要你在交谈中探寻实际需求和真正的决策人；另一方面，这类人也是比较有孝心的，渴望家庭和睦，幸福团圆，买房时会考虑家庭中每个人的需求。

（八）用男女朋友的照片做头像

这种类型的人一般都正处于热恋中，不能自拔，爱到失去自我，对另一半很在乎，也渴求得到身边朋友、同学的认可，是购买婚房的潜在客户。同时，这类人自我表现欲望相对较强，买房时经常更多地考虑夫妻之间的居住条件，跟老人一起居住的欲望不会那么强烈。

（九）用婴儿照片做头像

用婴儿照片作为头像的人大多初为人父母，难掩内心的幸福与喜悦。

所以，短时间内他们的购房需求不会特别明显，两三年以后，孩子准备上幼儿园时，考虑购房的可能性会比较大。如果孩子准备上小学了，由于望子成龙、望女成凤的思想的存在，这些父母多会考虑为孩子上学买学区房，此时，你需要更多地展现商圈内的教育资源及优势，让对方感觉到在你这里买房能给孩子一个不一样的未来。

（十）用帅哥靓女照片做头像

这种类型的人为人很热情，但是缺乏理智，情绪容易大起大落，心智不够成熟，交往起来直来直去，购买东西喜欢凭借真实感受，所以，你在带这类客户看房的过程中要多让客户触摸实物。

（十一）用偶像或伟人照片做头像

这种类型的人实际上并不像偶像或伟人那样光芒四射，只是仰慕或渴望有这样的豪情万丈，有时候喜欢效仿他人，不太愿意冒险，买房时考虑自住的因素会多一些。这类人对于投资会表现得相对谨慎，在买房过程中会不断地比较、考虑，在这个过程中，经纪人需要耐心地多带客户看几套房，并且最好在带看前与客户多方面沟通，全面了解影响客户买房的因素。

（十二）用生性懒散的动物做头像

这种类型的人通常做事比较没常性，有时会有点惰性，办事爱拖拉，在约看的时候会出现迟到或改期的现象。不过这类人通常也追求快乐，不为某些事过多操心或思考，对生活及健康有一定要求。经纪人接触这类客户，可以更多地推荐精装修房源，而且在带看过程中要不断强调装修的材质等，同时给客户描绘购买房子能给他带来什么样的乐趣，例如，小区能给孩子提供娱乐设施和娱乐场所，附近菜市场或超市能购买到丰富的食物以及一家人可以经常享受美味的晚餐等生活细节。

（十三）用宠物猫或壁纸做头像

通常来说，用猫做头像的女性都比较爱美，也比较有爱心，但相对自我封闭，一般不会过多透露自己的真情实感。同时，她们也比较恋家，节假日喜欢在家休息，或与家人一起在家过温馨的小日子。所以，房地产经纪人在带看过程中要多给对方描述生活在这个房子里的种种情景，给对方制造一些幸福感，增加其购买欲望。当然，也要尽量避免把靠近马路或是环境嘈杂等缺点暴露给客户。

对于这种类型的男性而言，内心会比较温柔、细腻，家庭观念比较强，孝敬父母、疼爱妻儿，购房时多会考虑家庭成员中每个人的实际需求，让每个家人都能过得舒心。同时，他们也喜欢安静的环境，年纪大一点的人喜欢养花养鱼，或是读书作画等，阳台或者书房是他们重点考虑的因素。

（十四）用飞鸟或雄鹰做头像

这种类型的人通常能说会道，个性张扬又渴望得到更大的成就，有时会因为阶段性的成功感到自我满足，扬扬得意。在买房过程中他们会不断向房地产经纪人提出问题，在这种情况下，房地产经纪人可以通过对客户的成就充分肯定、赞美，并询问客户的事业发展情况等，让对方有更多的自我表达的机会，不断增加客户对你的认同感及信任感。

（十五）用狗做头像

喜欢狗的人一般都比较随和，显得很亲近，但不太主动，往往是按照他人的想法行事。他们喜欢默默付出，懂得知恩图报，为人比较光明磊落，原则性较强。这类人平时会比较严肃、古板，给人爱说教的感觉。在买房过程中，他们会经常谈论房地产市场的走势等专业性较强的问题，这时候你可以表示对客户的认同，然后婉转地表达你的看法，让客户接受。同时，他们性格外向，不喜欢寂寞、孤独，交际能力出众，爽快开朗，人情味浓，敏感、坦诚，其真实想法会表现在脸上，或从言谈举止中表现出来，会把真实的购房需求表露出来。另外，他们喜好随波逐流，却坦荡直接，会告诉你看了其他房子或身边朋友的意见等。

与喜欢养狗的人交往，不要吝啬你的称赞和鼓励，还要创造让他表现自己的机会。如果你能多和他交流，往往会使他有受重视的感觉，自然地他也会和你更亲近。

（十六）用老虎、狮子做头像

这种类型的人对生活及自身能力等都充满自信，凡事喜欢自己做决策，或被人称为意见领袖，希望身边的人听从他的指挥或按照他的意见行事。在购房过程中他们通常是决策人，这一点可以在与客户沟通初期探寻客户购房需求时加以判断确认。同时，可以在闲聊时了解客户的真实职业，判断其是否是企业的高层管理人员或者机关单位的领导等，以便更好地进行之后的推荐。

（十七）用风景美图做头像

这种类型的人通常为人处世比较老练，很注重人际关系的培养及和谐，人际圈一般不是特别广泛，但懂得用感情维护，心胸开阔，乐于助人，但通常也是比较感性的人。所以，带客户看房过程中，房地产经纪人对于房子固有的特性给客户带来的好处和利益要尽可能多地描述，这种画面感能够提高客户的购买兴趣。

（十八）用卡通图片做头像

这种类型的人一般比较单纯，但是是完美主义者，追求简单的生活，不喜欢家庭琐事给自己造成生活的压力，具备较强的想象力和创造力。购房过程中，他们通常有两种情况：一种是希望跟父母分开居住，一般会购买小居室套房，交通便利，且靠近超市或餐馆的地方；另一种是改善居住环境，这种客户一般从事技术开发、艺术创作等相关职业，思维比较开阔，对居住环境有一定要求，希望住房有利于他们的职业发展，周边环境要稍微安静一些，高层或远离马路的房子他们会优先考虑。

（十九）用激励文字、企业图标或产品图片做头像

这种类型的人一般是从事销售工作的，渴望通过销售业绩的提升获得物质上的满足，从而不断提升生活质量，且多是年轻人。从事这个职业也比较容易在短时间内获得收入的快速提升，所以他们有购买首套房或投资房产的意愿，但一般会以小居室为主。另一类人是初创企业的创业者，他们渴望事业取得新的突破，也是购房的精准客户。

（二十）用参加各种活动的照片做头像

这种类型的人行事高调，大胆开放，喜欢社交活动，在微信上容易接纳陌生人，通常会为职业晋升或事业发展奔走在各种社交场合，喜欢事物的真实存在感。鉴于这一特点，房地产经纪人在介绍楼盘时可以有意让客户体验带看房屋的装修或小区配套给他带来的好处等。

不过，这类人容易受旁人影响，在谈价阶段会通过对比其他楼盘来压价，购房决策时也要征询他人的建议。同时，这种人做事不是特别谨慎，不忌讳把自身情况有意无意地透露给他人。房地产经纪人也可以通过朋友圈了解客户的工作或生活，多赞美客户，以拉近与客户之间的距离，进而利用适当机会借助客户的朋友圈或人脉关系储备客户。

（二十一）用恐怖图片做头像

这种类型的人有些在过去的生活中受过打击，一般交际圈子比较小，自我保护意识比较强，内心对某些事感到恐惧，缺乏安全感。所以，在带客户看房过程中，房地产经纪人在沟通交流的时候要尽量避免提起对方的往事，多描绘一些能够增强对方信心的好处，例如，客厅足够大，晚上吃完饭一家人可以在一起看看电视、谈谈心；儿童房比较安静，小孩做功课不会受到影响，辅助其好好学习，将来一定会有大作为；等等。但这种客户有时候情绪起伏很大，十分敏感，房地产经纪人在设计带看路线时要多加考虑。

（二十二）用搞笑或娱乐图片做头像

这种类型的人缺乏一定的责任感，但为人处世比较圆滑，想法有时会出乎意料，一部分人会有文艺方面的特长。在房地产销售工作中，约看时经纪人需要多次确认看房时间和路线等细节。看楼过程中，除了要向他们介绍房屋所带来的好处与利益外，还可以有意无意地用赞美的词语提升客户的身份，满足其内心的欲望。

五、微信售楼实战案例

（一）微信售楼，一天成交3套是如何做到的

微信的一些基础功能，比如名字、签名、朋友圈使用等可能会让你觉得非常简单，但在售楼工作中这些细节往往会给房地产经纪人带来意外的惊喜。

2012年7月，在365华侨路茶坊上出现了这样一条帖子：一位从事海景房销售的房地产经纪人平时爱玩微信，所以也会在微信上发一些公司的业务信息。有一次，他把微信签名换成了房源信息，本是抱着试试看的态度，没想到竟然真的吸引来了意向客户，该客户更是一口气定下了3套房。

其实售楼工作需要的除了专业技能外，细心、认真的态度也是必不可少的。若想通过互联网获得一定的物质回报，必须做好充分的准备工作，再加上勤奋的推广，等待机会的出现。使用微信进行售楼工作也是一样的道理。

目前，全国微信用户已经超过6亿。在如此庞大的用户群体下，采取微信卖房的形式，带领客户团购房子，既能为客户降低购房成本，同时由于微信具有人际传播快、聚集人群快速且精准的特性，会越来越受到房地产企业及房地产经纪人的青睐。

微信将为整个房地产行业带来巨大的变化，其未来发展空间也非常大，它正在改变传统的房地产营销模式，开创一种全新的营销理念。

（二）微信售楼，签约总额超过1000万元

“完全依靠微信朋友圈就卖了四套房子，签约额超过300万元。如果算上依靠微信营销影响力卖掉的房子，今年的签约额将超过1000万元”，作为碧桂园·凤凰城的微信卖房人之一，吴少泽说，“和线下销售不同的是，微信上买房的人更接近当下最中坚的消费层，甚至有的客户从没来过现场，直接就在微信上看房子下定金了。”

1. 平均每天一条卖房微信

早在2012年年底，吴少泽就开通了自己的微信朋友圈，但真正开始微

信卖房还是从 2014 年年初开始的。“今年年初，公司要求每个人都进行微营销，项目重大利好必须转发，从销售员到营销、策划的工作人员，往往一条微信能转发 300～400 次。”吴少泽笑言，他和他的同事们总是会互相“刷屏”。

吴少泽计算了一下，2013 年一共发了 300 多条微信，其中 200 多条是转发项目活动、策划、利好的，100 多条是自己关于项目的解读、分析及利好情况。可以说，所有的微信内容都离不开工作，跟卖房有关的工作微信 2013 年几乎每天一条。

2. “点赞”是最柔和的拓客

吴少泽和同事们一边在朋友圈里互相“刷屏”，一边也会在微信中添加一些客户，渐渐地他发现，微信成为最柔和的拓客方式。他说：“以前跟客户保持联络，经常要打电话或者发短信，可是在没有特别事情要说的情况下，打电话、发短信会显得太过突兀，而发微信就自然多了。”

有了微信之后，吴少泽和客户会相互点赞，他说：“我发个项目利好，就会有回复或者点赞，有时候我看见客户发自己出去玩儿的照片或者宝宝的照片，也会点赞。”他发现，对于项目，客户最关心的就是交通利好的信息。“只要我一发相关的内容，立刻会引来一大堆的回复和提问，一来二去，关系也就拉近了，卖房也就更容易了。”

吴少泽说，他的微信客户中，囊括了 20～40 岁的买房人，最活跃的其实是 30 多岁的购房者，他们对有关房屋保值、增值和通勤时间的利好特别关注，互动也多，买的房子面积也大。与此同时，原本以为最活跃的二十多岁的购房者则比较淡定，他们通常比较关注房子的外立面，开发商或是项目的名声好或者周围环境好就买了，买完之后也就很少再对项目信息有更多关注了。

3. 客户不到场，传图来卖房

“我还有一个客户，从来没来过现场，直接通过微信就买了房子。”吴少泽说。这是一个来自盐城的客户，也是在别人的介绍之下，主动在微信上加了吴少泽。“因为不是南京本地人，他让我把资料、沙盘、户型图、样板间都拍了照片给他，我还进入工地和小区拍视频传给他，让他不来现场也能看到房子。”

三天之后，客户拍板了一套120平方米、价值70万元的大户型，并把钱直接汇给了吴少泽。“直到签购房合同的时候，他才第一次来到现场。”吴少泽说。像这样的客户还不止一个，有的客户身在广东或香港，都是通过微信联络，他的一个同事的客户在美国，也是通过微信最后买了房子。

（三）微信售楼，两个月成交4单

北京的朱万明从事房地产经纪人已有多年，换过四五家中介公司。这位二十多岁的经纪人，有着大部分中介经纪人身上所特有的热情和健谈，并凭借对北京二手房市场多年的观察而独具慧眼。作为QQ的忠实用户，朱万明也是朋友里面最早拥有微信账号的一批人。“一开始就是玩玩的，后来看到网上有微信卖房的报道我就坐不住了。这种新鲜事物，越早接触越好。”于是，朱万明找了很多资料，详细地了解了微信卖房的全部流程，花了8000块钱从网上买了一套微信卖房软件。“两个月我就扫了40个客户，其中租房成交了3单，购房成交1单，本钱回来了，还赚钱了。”朱万明神采奕奕地说道，“到现在为止，我微信上的客户已经有120多个了，我也和公司签了无底薪协议，分成更高。”

谈到如何让这么多人来主动扫他的微信，朱万明爽朗地笑了：“那要看你怎么动脑筋了。我经常印一些有二维码的单页，再购买一些小礼品，然后带着这些东西在小区里转悠。购房、租房的人，我一眼就能看出来，行业里的人都懂。我会主动上前搭讪，发单页让他们扫二维码，然后再送一个小礼品什么的。因为只是手机扫一下，并不会耽误太多时间，又有礼品送，一般碰到的人都不会拒绝。”

经过前期的耐心积累，通过微信联系朱万明咨询买房卖房的人渐渐多起来，这让原本抱着试试看心理的他尝到了甜头。“其实，微信只是把客户邀请过来，至于能不能留住买卖，最终能否成交，还得看你多年修炼的经纪人职业素养。毕竟做我们这一行的竞争很激烈，一旦让客户不满意，随时可以换人顶上。当然了，如果没有微信，我可能跑断了腿也找不到这么多客源。”朱万明表示。

“当然，跟大多数中介公司一样，我们也会去房地产门户网站买广告。”朱万明坦言，“就好比人家养的鸡下的蛋，你过来买。而通过微信卖房，那就是自己养鸡自己下蛋。只需要花点推广费用，客户就会被吸引过来，而且是完全属于自己的客户。这样花出去的钱也有积累，也不用看房地产门户网站的脸色。”

第二章

有效增加粉丝数量的策略

“守株待兔”讲的是有一天一个农民在种田的时候，发现一只兔子撞到树上死了，那个农民很容易地就把那只兔子带回家，一家人美餐了一顿。这个时候他开始想入非非，觉得种田那么辛苦，如果在那儿等着兔子撞树，那该多轻松啊！所以，那个农民从此再也不种田了，每天等着兔子撞上来。

在做微营销的时候，房地产经纪人通过广告轰炸可能会偶尔接到客户的咨询或有一两次带看机会，但是要想持续不断地获得客户咨询，就不能守株待兔了。

现在，农民可以改变一下思路：

第一，这个农民不是守在田埂中间，而是回家去结一张网，只要兔子撞进来，是不是就把兔子抓住了呢？

第二，农民把网结好之后，不是在田埂中间守住一棵树，而是把网放到兔子经常进进出出的草丛中，或者兔子洞口的附近，是不是效果会更好呢？

第三，这个农民还要去找一帮人，到草丛里面敲打草丛，把兔子赶出来；如果兔子在洞里面，那就烧一把火放进去把兔子熏出来，等兔子一出来就钻到网里面，这样是不是能抓到更多的兔子呢？

房地产经纪人在利用微信卖楼时，其实需要改变一下思路。

我们可以换一种角度分析，客户每天都会接到各种各样的广告信息，当然会心生厌恶之感，也就经常会拒绝各种推销信息，所以你需要多想办法。例如，通过赠送小礼品等方式来吸引客户添加你的微信，通过微信不断影响客户，增加更多的带看成交机会。

这就解决了如何利用推广增加粉丝数量的问题。

一、二维码营销

（一）售楼过程中常用的21种二维码推广渠道

对于房地产经纪人而言，需要准备3种二维码，即个人微信二维码、微信群二维码和公众平台二维码，并通过各种渠道推广储备客户提升业绩。下面介绍21种二维码推广渠道。

1. 利用门店通道推广二维码，吸引客户眼球

在门店中，二维码出现的地方最好是客户能够停留或者视线范围内的地方，例如，在橱窗里、桌子上或电脑旁，这有利于二维码被关注。当然，这必须建立在你的二维码有足够的吸引力的情况下。总之，在接待上门客户时要让客户随时可以看到你的二维码并主动扫一扫。

2. 外出驻守展示推广二维码

外出驻守客户量的多少取决于房地产经纪人所选择的位置。通常，房地产经纪人会选择一些人流密集的小区、商业街、地铁口等。现在，房地产经纪人外出驻守除了推广房源之外，还可以利用二维码把客户加到微信中来，赢得更多的销售机会。

房地产经纪人可以将二维码印到各种宣传房源的广告牌中，然后将其展示在人流较大的驻守区域，方便准客户扫一扫。房地产经纪人唯一需要考虑的是，你的目标客户群是谁，怎样吸引他们关注，要100%站在客户角度考虑制作二维码。

3. QQ系统海量客户群推广

（1）批量申请加入QQ群，提高二维码推广成功率。找到目标客户聚集的QQ群之后，就需要批量申请加入，并导出QQ群用户数据，用于邮件推广等。

（2）按关键字/分类/地域搜索QQ群，目标精准。准确定位和找到目标客户，可以让营销事半功倍，房地产销售重点是本地QQ群。

（3）批量发布群邮件、群帖子。在已加入的QQ群中批量发送带有二维码的群邮件和群帖子，从而完成对目标客户群的信息推送和覆盖。需要注意的是，QQ群营销不等于无节制地发布信息，给群内成员提供有价值的内容，控制发布频度，才是正道。

（4）批量发布群图片、群共享、群内新鲜事。在已加入的QQ群批量发布群图片、群共享、群内新鲜事。多样化的营销形式，会带来立体式的营销效果。同样的，上述形式的内容发布，也需要保证内容品质、控制发布频度，避免对群内成员造成滋扰。相对于其他营销方式，QQ群营销成本极为低廉，并且可以更为直接、准确地找到群体性目标客户，在他们身边有针对性地进行信息推送、完成营销行为。同时，对于QQ营销推广，除了QQ群，还需要结合QQ空间、个性签名、说说等渠道，才会达到更好的广告覆盖营销效果。

4. 搜索引擎导流推广

多数人可能会觉得搜索引擎跟房地产经纪人没有什么关系，但是，你是否思考过这样一个问题：你上网找图片、找视频、找文章是通过什么渠道最直接达到目的的？你添加微信好友、关注微信公众平台或查找聊天记录，是不是也会用到搜索引擎。除了付费排名推广，个人应该如何利用搜索引擎免费导流，主要需掌握以下4个关键点：

（1）目标关键字的设计。

（2）更新频率和数量。

（3）渠道的选择、数据的分析。

（4）内容与形象的高度统一。

5. 行业网站、博客、微博、网店推广

（1）行业网站要打造吸引人的优质内容：要学会内容整合，形成具有足够吸引力的鲜明主题，呈现在首页，并且细节到位，给浏览者足够大的想象空间，让普通的同行房地产经纪人产生一种距离感，体现“简约而不简单”整体风格。

（2）博客标题栏的内容优化：写好相关简要介绍，不超过30字，然后将其改编，尽可能合理地导入与客户相关的关键词，换句话说，就是要写成“搜索引擎版”的博客介绍。

（3）文章内容页的标题添加：文章内容页，特别是其中比较重要的频道、栏目首页，应添加像首页一样的标题，添加原则与软文标题类似。

（4）添加并优化博客文案标签：在各种文案中嵌入行业特性标签文字，这对优化搜索引擎扫描结果具有很好的作用。博客比较重要的推广软文需要做置顶推广。其他涉及对搜索引擎扫描结果的优化，诸如增加粗体文字标题、栏目设置便于搜索引擎扫描、增加内容分页等，也可适当做一些。

（5）添加友情链接：这里的友情链接专指房地产经纪人博客所在行业以外的，与网站内容没有直接关系的网站。

（6）行业新闻文章更新：行业新闻实现每日更新，不仅有助于改善、提高博客的搜索引擎结果体现，且对吸引客户、增强博客的黏性有很大的帮助。并利用门户网站的新闻频道来转载。

（7）软文推广：开通博客或微博，每天写几篇关于本行业的文章，并附上博客地址、二维码、微信号、联系方式等，在推广微博、博客之前尽量加上关键词的反向链接，比如一篇软文可能含有“地产投资”“投资回报”等多个关键词。

6. 群发邮件推广二维码

利用邮件推广，这是二维码推广中不可缺少的主要手段之一。切忌邮件泛滥，你可以针对目标客户、潜在客户及老客户经常发一些如城市动态、投资活动、房价走势等相关性的邮件，并在邮件里附上二维码、联系方式等。

7. 各大门户网站微博渠道推广

主要有腾讯、新浪、搜狐、网易等较高人气网站的微博，可根据区域客户使用习惯或门户网站在当地的影响力重点选择1~2个渠道推广。

微博的功能五花八门，包括签名、名字、头像、标签、名人堂、热门话题、话题主持等，重点是微博发布的格式需要注意。同样的一条微博，采用什么样的格式呈现给粉丝，怎样才能更容易地被粉丝关注到，怎样才能让粉丝喜欢，这需要掌握一定的技巧。一条优质微博的内容格式应该是这样的：

着重符号+主题+分点内容+（后缀）+图片

例如：#购房宝典#【春节买房的五大好处】：（1）春节前后是买房好时机；（2）2014年势头，早买早合适；（3）房价合理出手趁早；（4）“筑巢引凤”喜临门；（5）全家大小做参谋。微信××+链接到博客网址+图片。

8. 网站社区及百科、知道推广

你可以在网站社区及百科、知道推广注册多个号，进行自问自答，一个号提问，另外一个好回答，回答之后并对自己的答案进行好评，问题及答案多涵盖公司业务的关键词。例如：提问“在广州××地产放盘服务怎样”；回答“……很好，经纪人都很负责……”并在相关链接上附上网店或房源链接网址。

9. 微信自系统渠道推广

包括微信公众平台、微信群、朋友圈、群发、分享名片、漂流瓶、邮件等微信自带功能推广。这里重点提二维码、朋友圈及个人微信或微信群的推广供大家参考。

（1）如果通过企业订阅号推广二维码，可设专栏或者在文章中植入二维码。

（2）通过朋友圈让朋友相互推荐，把个人微信号及简介拟写好。

（3）通过邮件向客户发出个人微信或微信群。

10. 视频植入二维码渠道推广

在网上找寻相关免费资源，如优酷等各大视频网站、链接百度文库、百度云等发布植入二维码内容或视频植入二维码进行推广。

11. 海报、宣传单册、购物袋、包装袋等广告物料印制二维码

12. 名片、服装、贴条等印制二维码宣传

13. 房地产经纪人手机、背包等张贴二维码随时随地让客户扫一扫

14. 报纸、电视、公交车身、车站站台等传统媒体植入二维码

15. 行业活动、房展会、投资沙龙等线下活动现场推广二维码

16. 公司赠送客户的各种礼品印制二维码也可以宣传推广

17. 赠送客户的内刊、杂志、企业高管著作等需要印制二维码

18. 借助微信大 V 或知名草根大号推广二维码

19. 整合商圈商户渠道推广二维码，例如和饮食店等合作

20. 给客户免费赠送有广告植入的电子书

21. 通过短信、彩信群发等传统信息推送渠道二维码

（二）吸引客户扫描二维码的 16 个策略

1. 创新二维码展示效果

二维码本身很难看——黑色方块点聚合。所以，要想吸引用户眼球，首先应该对二维码本身做微创新。你必须更多地将二维码带到用户面前，而不只是引导用户到你的门店，要利用微创新来促使用户付出实际行动扫码。

2. 展示二维码带给客户的价值

大部分客户都没有扫二维码的动力，不管是在网络上展示，还是在线下展示。这就像你派发传单一样，多数情况下传单会被扔进垃圾桶，而要赢得一个客户却犹如大海捞针。我们也经常会看到，公交站台的广告牌或者门店前的海报上的二维码经常被冷落在角落里，这是因为二维码的设计中没有吸引客户扫码的信息，客户自然也就没有动力去扫码。那么，房地产销售人员应该怎样设计二维码，展示更多的有价值的信息呢？例如，扫一扫，1000 元抵 10000 元佣金。

3. 巧用老客户关系快速建立信任，增加新客户扫码动力

4. 赠送免费礼品或服务（如扫码免费送房屋清洁等）

5. 使用代金券营销（如公司提供代金券或借用其他产品代金券）

6. 使用超级赠品进行网络吸客（如赠送视频或电子书）

7. 通过微信或 QQ 好友等互换人脉资源推广

8. 借力网络大 V 吸引潜在客户扫码

9. 借力有影响力的微信公众平台吸引客户

10. 让公司领导或朋友在朋友圈推广二维码，增强信任度

11. 在发给目标客户群的电子资料中植入二维码，增加扫码概率

12. 巧借名人影响力建立微信群，增加潜在客户扫码数量

13. 利用朋友圈营销增加二维码曝光率

14. 扫码后赠送红包或其他优惠，让客户成为广告源

15. 扫码后参加公司组织的抽奖活动，让客户乐不思蜀

16. 体现二维码使用的专业性，让你拥有更多人脉资源

二、批量导入粉丝的3个方法

在培训过程中，有学员提出过这样的疑问：为什么我导入了100个客户手机号码，才显示不到10个人有微信，难道他们不用微信吗？

其实，产生这样的问题有两个原因。首先是你为了方便自己，一次性导入大量手机号码而手机本身配置不够高，显示不出客户是否开通微信的信息；其次是你已经习惯性地认为你的准客户就是用手机号注册微信的，但也许他最初的微信是用QQ号或邮箱注册的，也说不定你的客户比你更早使用微信，而不想绑定手机号码而已。

所以，仔细观察一下我们会发现，除了用手机号码登录微信，还可以用QQ号、微信号、邮箱账号登录微信。总的来说，房地产经纪人其实是可以通过4个方法找到准客户的，但是通过客户修改过的微信号，如Boss－020，找到客户的概率会比较小，除非客户公开。

因此，房地产经纪人可以通过手机号码、QQ号码或邮箱3个方法快速添加客户微信。

（1）通过各种渠道收集客户手机号码或QQ号码。

（2）让微信绑定手机号码或QQ号码才会显示新朋友微信。

（3）利用相关软件将号码导入到手机进行添加。

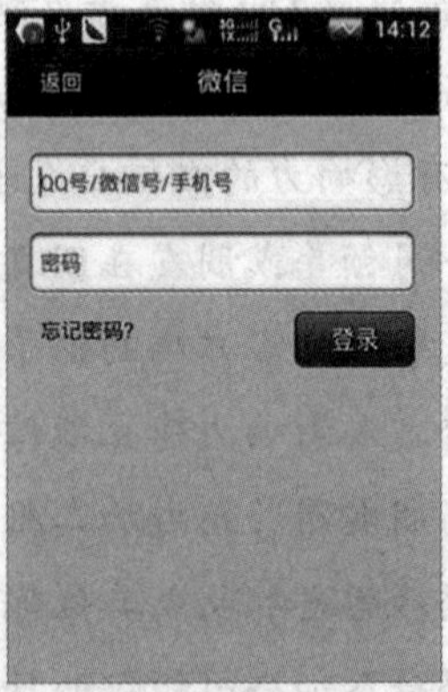

同时，微信5.3版本已限制一个微信只能添加5000个好友，在使用5.3版本之前，如果好友已经超过5000个，使用5.3版本以后发到朋友圈的信息也只能随机发送给其中的5000个好友。

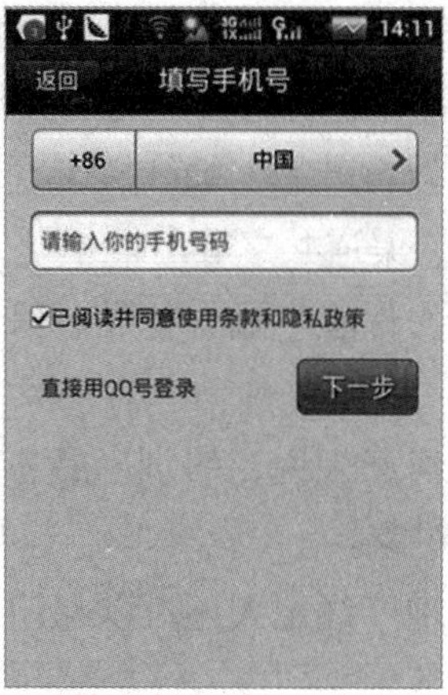

微信使用小提示

微信 5.0 版本之后的版本不能使用 QQ 号码注册微信号了，如果你的客户太多，建议购买新手机号码，分类管理客户。

三、如何跨界整合线下资源提升推广效率

互联网革命带来的是频繁的跨界竞争，并不断改变着客户们的购房行为。互联网与大数据解决了传统的信息不对称问题，使所有的房地产经纪人站在同一竞争层面上，这在加剧竞争激烈程度的同时，也加速了房地产经纪人的优胜劣汰。

在当前的房地产行业中，已经有不少企业通过垂直整合，将产业价值链的上下游资源进行了重新梳理，在增强自身产业竞争优势的同时，也拥有了更为强大的控制力和更多的价值分配话语权，并形成了稳定、牢固的发展状态。在这里，我们不谈大的企业收购或兼并，仅仅就如何通过整合相关资源，建立房地产经纪人在微营销渠道的优势及提升微营销的推广效果，储备更多购房客户进行探讨。

从这个层面上讲，从客户或业主的水平需求（相对于垂直需求）出发，或许可以找到更多的跨界整合资源。在房地产销售中，消费者购买房屋就需要装修、清洁、搬家、资金等，这些都是客户购房过程中的垂直需求。从水平需求上看，客户的衣食住行、孩子的教育、老人的养老、自身

的职业晋升等，也有很大的开发余地。那么如何借助微信公众平台整合线下资源，在服务客户的同时，进行对客户的二次开发呢？

（1）对于婚房来说，教育产品、婚纱摄影、酒店预订等都是可以整合的资源，具体包括优惠券、渠道共享等。

（2）对于养老房来说，保险产品、礼品、保健品、酒店宴席等则是不错的资源选择。

（3）对于投资性质的房产来说，培训产品、高端教育产品、旅游、汽车等都是可以洽谈的合作对象。

（4）在线下渠道，房地产经纪人还可以与门店附近的餐饮店、饮用水公司等进行合作。

第三章

房地产微营销运营策略

一、房地产微营销的专业素养

（一）微营销提升售楼业绩的3个步骤

微营销时代，我们拥有高品质房源，可以为客户带来价值，但我们不能因此而坐等客户上门。我们必须通过微信这个便捷的渠道让客户知道我们的房源或者服务，了解我们能为他们解决什么问题。

使用微营销方法提升客户量的3个步骤：

（1）通过微信，添加、联系、影响和吸引尽可能多的潜在客户。

（2）与潜在客户不断发生联系，互动沟通，推荐房源，吸引客户看房交易，再通过客户朋友圈影响继续销售。激励客户转介绍，让他们最大限度地享受服务优惠。

（3）与微信好友建立亲密联系，特别是完成交易的老客户，对他们做二次客户开发。

（二）高效能房地产经纪人微营销的5个习惯

1. 充满活力

正确认识自我，尊重自己，保持健康身体，控制好情绪。

2. 长期愿景

设置自我发展的路径和方向，相信目标的价值，帮助客户赚钱。

3. 专注目标

100%为客户解决问题，从客户角度定义产品，注重每一步的价值，针对不同客户使用不同策略。

4. 全身心投入

处理客户建议与投诉，假定自己已经达到目标，发挥潜意识作用，每天都要分析行动的得失。

5. 制定行动指南

追求卓越，忠于自己的目标，坚定实现目标的信念，专注于帮助客户。

（三）微信运营者的8个专业素养

越来越多的房地产企业涉足了微信营销，所以，为了做好微信公众平台的开发与建设，提升企业在线服务能力，微信运营者就成为当下企业招聘的又一大需求。微信对于房地产企业而言，服务即营销。那么，怎样才能够招聘到合适的微信运营人员呢？这里跟大家分享作为微信运营者的8大专业素养。

1. 具备高效学习的领悟力

经过两年多的发展，微信已经从1.0版本升级到了6.1.1版本，并已成为当今移动互联网时代最大的信息入口和信息平台。其功能在不断扩展，玩法也在不断变化。越来越多的房地产企业涌入微信营销领域，优秀案例、前沿技巧、运营秘籍层出不穷，让微信运营者感到无所适从，更苦于没有达到令人满意的营销效果。

腾讯内部正在测试的微群组，或许将成为营销利器，在未来还会不断涌现新的扩展应用和应用方式。所以，要运营好这样一个平台，首先必须要求运营者有高效学习的领悟能力。总结目前很多成功案例，我们发现其运营者无不善于自我学习与增值，善于快速学习优秀案例，巧妙借鉴、领悟精髓，并运用到微信运营的执行细节里。

2. 学会从后往前看的思维模式

这与传统的思维模式正好相反，传统的运营者都会根据现有资源去设定目标，即有多少资源做多大的事，而从后往前看则是一种逆向思维，即根据既定目标合理配置资源。具体到微信运营本身，就是在设定了一个合理的目标之后，结合微信的特点，利用各种功能，寻找有效的推广方法。只有将营销平台与营销方法结合起来才能够达到最佳的营销效果。

3. 精通微信全功能实操与运营

精通微信全功能实操与运营是微信运营者必备的基本能力，是做好微信运营工作的前提。熟练操作微信公众平台，关注知名账号，及时体验微信新版本，绑定邮箱、手机号码，解绑 QQ 号，使用微信支付、朋友圈、摇一摇插件，熟练运用“设置”中的各项功能，同时，对于微信中的一些隐蔽功能也要亲自体验感受，只有这样，才能够维护好微信上的用户，提高微信上的用户活跃度，并策划出用户喜欢的微信活动。高频率地使用微信，才能而深入了解微信用户的使用习惯和互动特征，从而有效地在微信上积累目标用户。

4. 具备网络营销策划能力

在这样一个崇尚眼球经济的时代，只有具备极强销售力的文案才能为企业带来客户和订单。内容为王是微信运营的重要法宝之一，不管是全国性房地产连锁强势品牌，还是新进入市场、只有区区几家门店的创业型公司，都必须充分运用微信的推广功能，推送能够赢得用户喜欢与共鸣的内容。客户只会将对他们有价值的内容进行传播，所以，要想让公众平台成为信息传播的有效渠道，形成强势的口碑效应，就要提升平台的权威性和公信力。

懂得营销策划的判断标准是，具备一定的营销基础知识和内容分析、汇总能力，能够从资讯或推广文案中找出核心及亮点，擅长拟写杀手级销售文案的标题。简单地说，微信运营者需要是一个标题党，并且是出色的内容编辑能手，他必须在 14 个字以内说明问题，而且文字要具备极强的冲击力。

5. 具备跨界整合、沟通、协调能力

微信的运营过程其实就是跨界合作的过程，成熟的微信运营体系是一个全员协作营销的过程。从企业内部看，企业的品牌、产品、资讯、技术等都需要与其内部不同的部门进行协作，才能成为一个完整的服务过程；而从企业外部看，不管是推广渠道，还是资源整合，都需要与不同的企业进行沟通，例如在推广上借助粉丝比较多的公众平台做推广。因此，作为房地产企业，除了要尽可能多地开发房源，更要从装修及其他便民服务入手，根据自身定位整合不同资源，用于公众平台的营销推广。

6. 站在客户角度解决问题的能力

互联网思维的重要特征就是站在用户的角度考虑问题，提高用户体验的舒适度，提高服务质量。所以，在设计活动、编辑内容等运营细节中，就要100%地站在客户角度去思考问题。从关注后自动回复的第一句话开始，就需要考虑客户的感受，并在视觉冲击、互动交流及使用体验等方面不断改善。包括拟写房源广告文案，也需要考虑你的房源能给客户解决什么问题，至少不会让客户看了广告心生反感。

7. 细致耐心的工作态度

目前，微信公众平台消息一旦发送成功，即使再做修改、保存等，在客户手机里的显示也是不会改变的，除非彻底删除当天所发内容。所以，每次内容推送之前都必须再三检查，确保无错别字、无表述错误、无常识性错误、无死链等。在关键词回复里还需要看有无设置匹配和全匹配、关键词是否重复等影响用户体验的问题。特别是在开展企业活动的时候，对于数字或者日期之类的字眼一定不能出错，否则会造成非常大的影响。比如，把售价为100万元的房源误写成了10万元、1000万元或者100元，等客户弄明白真实价格后，就会对该中介门店或是房地产经纪人产生不信赖感，从而影响后续的跟进工作。

8. 具备大数据分析、运营能力

微信公众账号后台已有比较系统的数据统计功能，可查看每篇文章的阅读率、转发率，全国各地精确的用户数量，每篇文章的阅读分享总数，用户性别比例，用户增长曲线，用户互动消息数等。通过这些数据，可以分析用户偏好等，以此调整营销的内容策略、互动策略和推广策略。对于房地产行业而言，本地用户的数据无疑是最为重要的，所以运营者需要经常了解数据，以更好地吸引客户到门店咨询、放盘或购房等。

二、房地产销售微信群运营策略与措施

（一）房地产销售微信群运营策略

微信不限制建群数量，这对于微信运营而言是个重要的营销利器。但是，目前微信群的运营沿袭了不少 QQ 群的弊端，如信息爆炸、广告泛滥等。同时，有些群没有主题、没有目标，甚至大半年没有动静，有些则是成为拉拢人气的聚集地。那么，如何才能最大限度地发挥微信群的强大传播功能呢？

1. 建立微信群矩阵

建立以客户为中心的微信群运营体系，确定目标与宗旨。没有灵魂的微信群或者不站在客户角度思考所建立的微信群，效果会大打折扣。作为房地产营销人员，我们的目标客户群体是非常广泛的，包括准备结婚的小年轻，呼风唤雨的富豪、企业家，准备养老的老年群体等。所以，微信群的建立必须明确目标人群，围绕目标人群设计营销活动，而不要奢望你的营销能够迎合所有人的需求。例如：地产投资联盟、天才宝贝爸爸帮、企业家领袖论坛等微信群的目标群体就非常明确。

2. 圈层文化经营

本地化运营能够提升对客户需求的深入理解和把握能力，但要考虑客户文化圈层，而不要局限于从产品或者营销人员个体的角度出发思考问题。对于房地产营销人员来说，成交并非一朝一夕的事，要把客户捧在手心，长久维护，才能获得成功，并不断拓展自身的资源。例如：广州妈妈帮、北京总裁养生会所等微信群就是建立在深入了解某一文化圈层的基础之上的。

3. 小群运营增加互动性

对客户使用移动互联网入口的掌控，将会是未来考验房地产销售人员的一项重要能力。互联网正在改造房地产行业，也必将改造房地产从

业人员。在移动互联网环境下，保持与客户的有效沟通，深入了解客户的消费习惯是非常关键的。房地产微信群的运营不应求大求全，要细分目标人群，与客户进行高效的沟通和互动。建议群成员数量控制在40人以内。

（二）房地产销售微信群运营措施

房地产销售人员如何才能更加有效地利用微信群进行营销推广，以提升业绩呢？

1. 微信群内容运营

（1）针对群定位，每天发布固定内容1～5条。

（2）以房地产投资为例，每天发布3条内容：资讯+管理+趋势。

（3）群内容尽量切合群定位，避免泛滥。

（4）允许出现少量广告，最好在固定时间发送广告。

（5）统一管理群成员，可以考虑建立群通讯录或者实行实名制等。

2. 微信群活动运营

（1）每天找一个热点话题进行讨论，例如“最近杭州房价跌了，大家怎么看”，之后将讨论内容进行整理编辑，作为公众平台的内容进行推送。

（2）可定期开展投资、养生等方面的咨询、分享活动。

（3）可配合官方活动同步开展微信活动，例如“开展便民活动”可以线上报名参加活动，多平台同时进行配合活动。

3. 微信群会员运营

（1）积极与群内活跃成员沟通，让其帮你一起发布信息，并带动其他会员参与。

（2）设立类似版主的职位，让版主在你不在的情况下帮助维持区内秩序。

（3）会员粉丝参与，线上线下整合。例如：微信群名为“广州投资联盟会”，设置会长、秘书长、学习委员、组织委员、联谊委员等职务。

4. 微信群“3+2矩阵”运营策略

（1）申请3个个人微信：①形象微信；②专业微信；③推广账号。

（2）建立两大微信群系统矩阵：①专业性微信群，例如总裁投资俱乐部（广州、上海）、地产总裁联盟等。②宣传性微信群，例如重庆店长互助群、育儿百科、广州创业互助群等。

5. 微信群三大杀手

（1）滥发表情，随便占用别人时间。

（2）两个人长篇大论拿到群里来说，扰乱其他成员的正常交流。

（3）自己觉得好的内容就马上转发，但可能别人已经看过很多遍了。

6. 最大限度实现微信群价值的两点措施

（1）每天发布核心话题，可以是专业上的，也可以是有关某一热点的，供大家探讨、学习。

（2）组织集体参与区域性线下活动。通过线上报名、线下组织的方式举办活动，最好是本地活动，方便大家参与，也相对好运作。例如，可以通过育儿百科微信群，组织粉丝们参加育儿活动，通过与第三方，如销售婴幼儿产品的企业开展合作，取得赞助，这样做还可以节省门店开支。

7. 微信群运营经验分享

（1）所有群成员都可以对微信群名称进行修改，所以群主需要每天查看群名是否被修改了。

（2）遇到不是在聊群主题的用户，可进行私聊引导，以免打扰其他人，导致潜在客户退群。

（3）用手机管理微信群操作不便，可利用微信网页版对群进行管理。

（4）如果通过群发邮件添加好友，则最好在发送50封邮件以后换号发布，以免出现对方收不到邀请信息的现象。

（5）在群建立初期，不宜一次性发布大量内容，可选适当时间分散发布，以免大批量发布扰乱群成员正常交流，造成成员退群。

三、朋友圈营销

“道不远人，远人非道”，大道至简。简单就是核心，简单就是力量，简单就是效率。在这样一个信息大爆炸的时代，简单才能抓住客户的眼球。大多数客户都会利用碎片时间刷朋友圈，这种方式一般时间短，但频率高，所以朋友圈是微营销的重要渠道之一。这种情况下，在朋友圈分享资讯就必须跟上客户的阅读节奏，根据客户的阅读习惯，使用简单、易懂、易记的文字表述发布信息。

（一）朋友圈设置，定位定天下

首先，个人头像要简单，最好是证件照，让客户容易记住你。同时，建议不要经常更换，作为你的个人品牌长久经营。如果是男性，要传递阳光、积极、快乐的信息；如果是女性，就要显示出独特的气质，让人感觉活泼、时尚。

其次，房源文字或图片要简单、富有冲击力。比如九宫格式图文营销。

最后，名字也要尽量简单、好记，建议使用真实姓名、真实信息，增加客户对你的信赖感。同时，朋友圈作为你个人营销的平台，建议在个性签名处写明所从事的职业或优势。作为经纪人，卖房子不如“卖自己”，客户在添加你为好友时，或多或少会先了解一下你的朋友圈，所以，你更要慎重填写个人信息，让客户第一时间了解到加你为好友的价值所在。个人签名示例：①已服务 3827 位业主与购房客户，满意度 99.7%；②专注××花园住宅租售×年，保证升值 100%；③只为你找到理想房屋与增加你的投资回报。

有人喜欢在名字之前加一个“A”或者“0”，以求自己的名字在别人的通讯录中能排在非常靠前的位置。但是实践证明，这种做法必须谨慎。现在很多人都有这样的意识，即凡是在名字前加“A”或者“0”的，大部分都是从事销售的，加好友就是为了发广告。所以，这种方法在增加你个人在客户手机里的曝光率的同时，也让客户感觉到你的目的性非常强，在心理上会有不舒服的感觉，或是难以接受。而有些加了“A”或者“0”的名字在通讯录中根本显示不全，反而画蛇添足。

（二）房地产销售人员相册管理规则

利用与房源广告、企业活动、领导介绍、获奖信息、客户案例等有关的照片，结合文字进行分享。

（1）能够传递正能量的学习与心得分享，最好不要转发负面新闻或资讯。

（2）与定位相关的内容分享，如房产投资、企业管理等。

（3）根据微友分类分享感兴趣的内容。

（三）朋友圈建立关系的智慧

（1）主动给每一个微友点赞，再加上简单评论。

（2）每天筛选20个重点客户，阅读他们的朋友圈，并进行回复。

（3）主动发起话题，并提醒20个以上客户进行讨论。

（4）在讨论中挖掘客户的需求，并主动提供解决方法。

（5）一对一地推送能够满足客户需要的文章或产品，可转自微信公共平台。

（四）朋友圈内容编辑的智慧

（1）客户现场体验的感受或评价，如购房心情、过程等。

（2）与房源有关的人性化话题，拒绝单一的硬性广告。

（3）与用户在门店体验放盘、租售、购房问题时的相关话题。

（4）自已生活中能够传递正能量的话题，如亲子活动等。

（5）学会制造惊喜，如让客户转发信息后赠送礼品，或帮助其解决问题。

（6）分享公众平台的链接时，必须要加入导读或总结内容。

（7）分享内容要做到“图文并茂”，图片与文字内容相符。

（五）朋友圈分享推送的智慧

在朋友圈推送图文信息的时候，需要根据你的好友的习惯决定推送的时间，或者将你的好友分组，根据不同人群有针对性地推送相应信息或房源广告。这样可以让你的信息被更多人看到。

例如，对于白领来说，上班时间很多人在一起办公，不适合经常看手机、刷朋友圈，他们更多地会在上下班途中、中午吃完饭或者晚上回家以后较为频繁地看微信。所以，如果你的房源是针对这部分人群的，就要根据这类人群使用手机的时间特点，选择合适的时间推送信息，否则发再多也是徒劳无功的。

（1）分享话题的最佳时间是晚上8：00—12：00，房地产行业的客户主要还是中高层次的消费者，他们的工作时间通常会安排得非常满，所以只能抓住碎片时间。

（2）链接分享的最佳时间是晚上 12：00 以后，这样第二天朋友圈里绝大部分的内容都是你发的。12：00—14：00 可适当转发或推送一些健康等生活息息相关话题链接。

（3）客户案例与故事一定要及时分享，才能够在第一时间借力客户的鱼塘形成营销裂变。

（六）朋友圈 8 个基本原则

（1）分享内容的文字不得超过 40 行，控制在 30 秒钟内能阅读完。

（2）心灵鸡汤分享次数最好控制在一周 5 条以内。

（3）杜绝发送含有负面信息的内容，做一个积极向上的营销人员。

（4）不能分享与业务无关的花边新闻和链接。

（5）不能粘贴不雅图片。

（6）广告不能泛滥，否则会被拉黑。

（7）不得直接在朋友圈回绝客户。

（8）承诺兑现要及时，不得拖延与沉默。

（七）朋友圈运营智慧

（1）借助朋友圈的好友力量互推。例如，你可以写这样一段简介：张三，广东广州人，来自××地产。3 年帮助 237 个客户实现购房愿望，连年获得公司 5 星级服务之星。为您的投资置业提供 24 小时贴心服务，100% 真实房源信息，免费放盘与咨询。微信号：××，电话：137××××××××。将这段简介与微信好友交换，以扩大信息传播面。

（2）把建立好的微信群信息发到朋友圈，推荐好友扫一扫，互惠互利。

第四章

房地产营销微文案写作

一、吸引眼球的房源标题特质

无论什么形式的广告，客户的第一印象——看到的第一个画面、读到的第一句话，或听到的第一个声音，可能就决定了这则广告能否成功。对于房源广告来说，如果能够提供有投资价值或其他价值的信息，那么就会提高转发率，带来更高的广告曝光率，增加销售机会。所以，广告有冲击力，能够吸引客户眼球是说服潜在客户购买的第一步。

那么，在微营销中怎样提升“第一印象”呢？

（1）对于公众平台广告，第一印象取决于标题和视觉设计。

（2）对于微信视频广告，第一印象取决于播出的前几秒钟和标题。

（3）对于微营销邮件，第一印象取决于主题文案的前几句话。

（4）对于朋友圈软文广告，第一印象取决于第一段文字或引导语。

（5）对于公众平台图文广告目录，第一印象取决于封面。

（6）对于房源说明广告，第一印象取决于前几张图片或标题体现的价值。

（7）对于微网站，第一印象取决于首页设计及标题。

（8）对于群发广告，第一印象取决于主题和销售文案的前几句话。

无论你的微信公众平台文案多有说服力，或者房源有多优质，如果无法吸引消费者的注意力，微营销广告就是失败的。而能够吸引客户眼球的标题才是广告成功的关键。

《一个广告人的自白》作者大卫·奥格威对广告标题表达了这样的看法：“标题在大部分的广告中都涉及最重要的元素，能够决定读者到底会不会看这则广告。一般来说，读标题的人比读内文的人多出4倍。换句话说，你所写标题的价值将是整个广告预算的80%。假如你的标题没有达到销售效果，那么你可以说是已经浪费了客户80%的广告预算。”

奥格威还说：“将现有的广告换上新标题，销售力度就能增强10倍。”

客户看标题的时候只想知道：“这对我有什么好处?”

有效的标题会告诉客户文案里面有他们想要的东西，最出色的标题能够与客户的自身利益发生关系或提供新的有价值的信息。

二、房源微广告标题的4个功能：

标题不仅仅要吸引人关注，更要促成读者继续阅读广告文案，成为潜在客户。所以，你的标题应该具有以下4大功能：

（一）吸引订阅者注意力

标题可以通过“提供好处”来获得关注。例如，在推荐婚房的时候，可以拟写这样的标题：“新婚夫妻收获幸福生活的理想房屋”“给她怎样的未来最温暖。”

还可以通过提供新信息来吸引注意力。这类标题通常会出现“最新”“发现”“到底”“宣布”“现在”“秘密”“最近推出”等字眼。

如果标题中出现“免费”字样，也能够发挥强大的作用。毕竟在互联网时代，消费者都喜欢免费的东西，尽管大家知道天上不会掉馅饼。

其他相当管用的词语还包括“如何”“快速”“为什么”“简单”“划算”“最后”“保证”“效果”“证明”“提高”以及“省钱”等。微营销应该从文案带来的销售量来评价自己的表现，而不是文案的创造性。

当你在写房源标题的时候，应该选出一项对客户来说颇具价值的房源优点，然后用清晰、大胆的方式表现出来。尽量避免装可爱、卖萌等与主题没有关系的标题或概念，否则很难带来实质销售效果。

（二）筛选潜在客户

假如你要销售养老房给年过60岁的人，那么就没理由写出年轻人喜欢的花哨文案。同样的，售价高达770万元的豪宅，其广告应该明确点出：

“这是给有钱人看的。”你不会希望把时间浪费在回应那些买不起高端住宅的消费者身上。

标题可以为你剔除不属于潜在客户的读者。一则有效的别墅广告标题可能会这样写：“专为500强企业家设计的商务社交会所。”公寓套房广告可以这么写标题：“假如你要给她幸福，那么，这就是你的选择。”

（三）传达完整信息

大卫·奥格威认为，80%的读者只看标题不看内文。如果这个观点正确，那么你的标题最好能够包含完整的信息，这样你的广告就能针对那80%只看标题的读者进行推销。

奥格威建议，广告标题内不妨同时包含对产品好处的承诺及品牌名称。虽然有许多出色的标题并没有提品牌，但倘若你觉得很多朋友圈的好友不会点击链接看公众平台内容，那么就把房源放进标题中。

（四）引导潜在客户阅读文案

房屋信息并不像快消品或时尚产品那样可以通过标题直接展示给消费者，房地产营销人员必须提供更多的如户型图、周边配套资讯，并将这些信息设计到微信公众平台的图文消息中。为了强化宣传效果，你的标题要能引导读者继续往下阅读内文。

要做到这一点，你得先激发客户的好奇心，学会描绘客户的心理，把客户带到梦想的边缘或者承诺赠送礼物等，特别是送礼，在中国是一个较为有效的营销推广策略。

三、房地产微营销文案标题的8个标准模板

微信是一个非常不错的信息推送渠道，很多功能如果使用得当对于房地产销售人员来说会有很大帮助，所以，要做好微营销，学习标题或文案写作是必不可少的。一些以“如何……”“三个简单步骤……”“最有利的……”等文字作为标题开头的文案看似没有什么创意，但已经被无数销售高手证实非常有效。

下面这8个经过实践检验的有效标题模板将使你在微营销中得心应手，提升销售效率。

（一）开门见山式标题

这种标题能够直白地说明产品促销信息。例如“预定××楼盘，3000元抵20000元”就是一种再直接不过的标题，大部分开发商在设计新楼盘广告时都愿意使用这类标题来宣传折扣，吸引客户上门。

（二）暗示好处式标题

婉转暗示某种好处的标题一般能够先勾起客户的好奇心，引导客户阅读广告文案，之后通过解答客户的疑惑逐步将其带入销售模式。以商铺投资广告为例，标题可能是这样的：“15%的回报率没问题。”

（三）新闻公告式标题

假如门店有新的房源，不妨在标题中就说出来。房源包括新签的一手楼盘，或者具有高投资回报率的商铺，或者名校学区房等。例如，广州的门店可以这样写：“最新上下九步行街商铺2年即可回本。”

（四）问题解决式标题

无论是在传统媒体广告中还是在微营销渠道广告中，“如何”一词都有其神奇效果。把“如何”放进微营销文案的标题里，也会很好地提升广告效果。

以“如何”开头的标题，等于给客户提供了解决问题的方法。例如，“如何买到让生活变得更幸福的房子”“如何选择有利于养生的居住环境”“如何在30天内与500强企业家做邻居”。

（五）提问式标题

这类标题要在微营销中发挥效果，提出的问题必须是在潜在客户中会产生共鸣的。例如：“你到底需要什么样的房子？”“你理想中的三室一厅找到了吗？”“你有买房的想法吗？”“南北朝向的房子相比东西朝向的有哪些优点？”“什么样的学区房更有利于孩子成长？”

这类标题必须100%站在客户角度思考，关注潜在客户本身的利益，了解他们想知道什么、需要什么。

（六）命令口吻式标题

这类标题直接告诉潜在客户该怎么做，并用这种方式创造销售。例如："提高孩子的学习力，你需要这样的房子""你事业腾飞的必备条件（用于高端住宅）""尽孝心，××花园两室一厅必看。"

这类标题会给客户下达行动指令，明确行为方向。

（七）结果导向式标题

一个简单又有效的撰写广告内文的方法，就是列出房源的独特卖点。如果你用这种方式写广告内文，那么就可以使用结果导向型标题，引导读者往下读你的文案。例如，"购买××广场的7大理由""未来1年一定要买房的11个理由"。

你不一定每次都用"为什么"开头，"……3种方法""……7个步骤""教你如何……"也符合这类标题的原则。

（八）客户见证式标题

客户见证类标题就是通过传播成交信息给准买家以信心。例如，可以告诉准买家其他成交客户是如何选择房源的以及他们的购房过程。这样，准买家就能找到和自己经历相似的成交客户，相似的经历总会给准买家以暗示，最终达成销售。

在微营销广告中，客户见证类文案必须以客户第一人称口吻描述，并配上客户照片，让准买家有身临其境的感觉。

撰写客户见证类标题时，可以巧借客户原话，让文字通俗易懂，有亲近感，更能增强可信度。

四、价值百万的38个房地产微营销标题

要想做好微营销，建议房地产精英们准备一个笔记本用于记录经典标题，可以随时借鉴使用。下面提供一些范例，供大家参考：

（1）通过标题提问：××商业广场有哪些投资价值？

（2）结合时事热点：和李嘉诚一样把握房地产市场先机，但不必像他

那样抛售。

（3）创新名词：住进“小四的家”，让你的家庭事业从此更和谐。

（4）运用“最新”“引进”或“宣布”等词汇：开发商已宣布一项零首付购房计划。

（5）给客户建议并下达行动指令：扫一扫这张最具财富价值的二维码，立即赠送19000元。

（6）利用数据说话：闻所未闻，省级名校学区房直降80万元。

（7）给客户提供有用信息：如何避免在购房时犯下大错。

（8）强调最新服务或产品：即日起，可以通过扫房网预购房产，享受私人订制般的服务。

（9）通过故事情节吸引客户注意力：当你行走于城市的街道，仰望万家灯火时，是不是产生了带着她去寻找幸福的冲动？

（10）提出中肯建议：现在购买××别墅，与37位顶级财富舵手为邻。

（11）亮出独特卖点：低价小户型，婚房首选；首付7万元起，享受地铁房。

（12）用对比方式体现优势：广州南PK广州西，番禺公寓60000元抵11000元。

（13）使用能够产生想象的词语：奈何××花园一套小三居室门给“挤爆”。

（14）用事实提升可信度：庆祝超过10万名客户在××花园找到理想生活，即日起购房免佣金（限每周1名）。

（15）提供免费投资报告或服务：××地产每周免费为您提供价值6800元的投资报告，揭露鲜为人知的行业秘密。

（16）说明门店服务特色：24小时在线免费放盘，7天限时出售房源。

（17）引发客户想象：你必须购买××商业广场商铺，回报率超乎想象！

（18）承诺公开秘密：业主揭秘你不知道的××花园购房规则。

（19）具体说明：3年内通地铁，长隆小户型减8万元。

（20）锁定细分市场客户：不必再为社保未缴够3年而烦恼，不限购公寓25万元/套起。

（21）强调时间与效率：海量房源，3分钟即可享受到带看服务。

（22）强调省钱或房源价值：四环临地铁130万元起，最高可省80万元。甩！

（23）给客户好消息：花费百万以内，置业近郊地铁旁三室，南沙、黄埔任你挑。

（24）承诺提供优质服务：何必跑遍全城看房？××地产为您甄选高性价比房源。

（25）给客户提出挑战性思考：看看你的存款够买哪里的房源？

（26）强调真实房源保证：××地产100%真实房源，举报虚假房源现场奖励100元现金。

（27）标明价格：低价好房，1000元/月起租，不要错过。

（28）逆向思维法：还在广州购房你就OUT啦！首付12万，买下天河北。

（29）提供独家房源：鲜为人知的独家房源，让您节省20万以上。

（30）指出客户所关心的：为什么大部分年轻人不敢在广州置业？我们提供置业广州之道。

（31）使用类似“听起来难以置信……”这样的句型：听起来难以置信：××批发城档口业主2年赚300万。

（32）憧憬美好生活：让您的家庭幸福指数提升20倍。

（33）强调投资回报率：投资××时尚城，2年回本，每年投资回报率超过10%。

（34）运用“为什么”“秘密”“理由”等词来写标题：全球500强企业入驻××广场的7大理由。

（35）回答客户关心的问题：将房屋委托给中介公司前要提出的7个问题——我们有好答案。

（36）强调买赠：现在购房，就免费赠送家庭保洁1个月。

（37）协助客户完成目标：免费协助您7天内完成购房计划。

（38）做出看似矛盾的承诺：不需要首付，给你一个理想的家！

第五章

房地产销售公众平台运营

一、房地产经纪人公众账号的价值与运营方式

（一）房地产经纪人公众账号的8个价值

微信公众平台（具体操作指南见“附录一”）可以帮助房地产经纪人实现信息推送、用户联系和用户管理，与潜在的购房客户或业主不断互动，增加客户对其的信任感。面对庞大的微信用户群体，专业的房地产经纪人需要建立一个高效的平台链接区域用户，让更多的人了解自己所经营的房源，从而有更多的机会为购房客户和业主服务。

但是，微信公众账号不是一个单纯的营销工具，房地产经纪人需要转变强制陌生用户关注的观念，重视订阅号精细化运营与服务号的互动之道。一方面，结合购房客户需求，坚持以服务为基础，详细规划公众平台运营思路。另一方面，充分考虑客户需求，适当推送资讯，特别是房源广告资讯，结合目标客户群的职业、生活习惯等因素推送内容，提升客户的忠诚度。

那么，对于房地产经纪人而言，微信公众平台能带来什么样的价值呢？

1. 储备购房客户，增加成交机会

对于房地产经纪人来说，微信公众平台的成功运营能够增加房源咨询量，从而产生带看成交的机会，这无疑是非常重要的。但在吸引用户的时候我们也需要关注一点，就是不要盲目追求数量，最好根据不同区域楼盘的价格、用途等来确定目标购房人群，提升选择客户的精准度。

2. 为客户提供有价值的信息

微信公众平台不是单纯的营销工具，从更广泛的意义上来说，它是交流沟通的平台，所以有些时候可以发送一些能够增进感情，或是对客户有价值的信息。但是，切记不要随心所欲、无节制地发送对客户没有价值的信息，否则会适得其反，扰乱正常交流，以致客户会随时取消对我们的关注。

3. 方便分组管理客户

通过微信公众平台后台，我们可以对每个关注自己公众平台的客户进行分组、添加备注、查看客户信息资料等。当然，这需要房地产经纪人通过一些方法引导客户持续跟自己互动，进而不断地完善客户信息。

4. 具有高效的信息群发功能

如果我们使用手机给客户群发短信，会因为某些关键字被软件拦截，不能百分之百让客户获取信息，而微信不仅可以发文字，还可以插入图片、视频等，能让客户更形象地了解到房源信息，增加展示房源信息的渠道。

5. 是功能强大的客户沟通交流工具

在微信中，客户可以通过不同的方式找到我们，例如，搜索公众平台名字、微信号或扫一扫二维码，之后便可以阅读我们推荐的信息，并咨询房源等。所以，房地产经纪人需要起一个让客户容易搜索到的公众平台名字，或生成二维码添加到宣传资料中，例如，名片或者传单等。

6. 让客户有更多机会阅读我们的信息

这对于房地产经纪人来说具有很高的价值，例如，通过订阅号每天推送一次信息，如果我们坚持每天分享，客户就会持续接收到我们的信息并阅读，这比让客户在成千上万的房源里挑选来得更直接、更有效。

7. 拓展我们的人脉关系网

通过适当的推广方式引导客户关注我们的微信，利用微信培养自己与客户之间的感情，在为客户提供服务的过程中增加客户对自己的信任感，进而产生带看机会并促成交易，甚至可以通过已成交的客户转介绍其他客户。只要客户不把我们拉入黑名单，我们就有足够多的机会跟他们联系及沟通，并且可以通过这种方式不断拓展我们的人脉关系网。

8. 提升我们的售楼服务体验

在房地产销售中使用电话营销，有时候会遭遇客户太忙没时间详细听我们讲解的情况，这时候微信的优势就体现出来了。房地产经纪人可以把近期主推的笋盘信息通过公众平台编辑好，在添加客户微信后转发公众平台的房源描述，让客户了解我们推荐的房源，再根据实际情况结合电话不断跟进。如果客户到门店咨询或者我们带看了几次之后还没遇到心仪的房源，找借口推托不继续看我们所推荐的房屋了，这种情况下都可以利用公众平台让客户通过图片了解房源信息，也能取得一定的效果。

所以，微信公众平台不仅可以让房地产经纪人更好地开发并储备潜在购房客户，还能提升服务质量，进而提升成交概率。

（二）房地产经纪人公众账号的 3 种运营方式

在微信公众平台的运营中，信息推送是最为常用的方法，也是房地产经纪人根据目标群体及公众平台定位向客户推送重要房源信息或其他各种资讯的重要途径。客户关注微信公众平台之后会自动弹出一段文字信息，或者客户关注之后根据关键字向我们的公众平台回复并索要信息，多数情况下自动弹出的文字或回复都是“你好，欢迎关注××”。一般来说，这样的回复非常没有吸引力，客户很快就会遗忘你的账号或直接取消关注，因为我们在起初没有让关注我们的用户或客户体验到价值所在。

另一个关键点是用户管理，包括用户分组、资料完善、素材库等管理，还有就是客户服务订制，更多是针对服务号而言，在服务号自定义菜单（底部导航所显示的）中，可以设置一二级菜单，按照售楼过程中的需求布局栏目，例如，房源查询、服务专区、在线委托等，让客户关注后可以通过菜单导航点击所需要的服务。

1. 互动沟通

从设置公众平台的欢迎词开始，修改默认的“你好，欢迎关注××”模板，把我们的公众平台能给客户带来什么样的价值描写清楚，还可以通过这个渠道引导客户回复数字跟你互动。例如，回复“1”查看广州天河北笋盘，回复“2”免费赠送价值680元的神秘礼物等，从而，引导客户持续关注我们的微信公众号。在推送信息给客户的时候也可以设置一些类似的回复。当然，我们也可以根据门店的实际情况，通过公众平台发送活动信息，吸引客户到门店参加活动。

2. 用户管理

基于私密性考虑，微信公众平台目前是不能直接读取客户信息资料的，所以房地产经纪人要对每个用户进行分类管理是有一定难度的，但可以通过优质内容的分享，或组织线下活动，把客户分类管理，筛选出有购房意愿的客户。毕竟，不是每个关注我们或看了房源广告的用户都马上想要购房，公众平台更多的是为客户提供服务。

3. 服务订制

订制化服务中很重要的一点是搜集用户需求，与用户进行充分互动，从而改进并完善订制服务。例如，在公众平台头条可以设置投票问题，调查用户对我们所在商圈的房源是否感兴趣等。订制服务更多的是用于服务号的运营，通过服务号的菜单栏，我们可以把自己所能提供的服务展示给客户，同时，可以在菜单栏目设置查询生活信息相关的导航，有利于吸引更多商圈内的用户，或者借此跟商圈内的商户合作推广我们的公众平台也是不错的选择。

二、房地产经纪人公众账号选择订阅号还是服务号

选择订阅号还是服务号，首先要弄清楚自己的定位，只有确定了我们的公众号要给用户提供什么之后，才能够做出正确的选择。

微信升级到5.0之后，就分成服务号和订阅号两种类型。服务号旨在为用户提供服务，例如，中国售罄研究院；订阅号是为用户提供信息和资讯，例如，中国房地产培训中心。那么，房地产经纪人该如何选择呢？首先来看看两者的区别：

（一）订阅号

（1）每天（24小时内）可以发送1条群发消息。

（2）发给订阅用户的消息将会显示在对方的订阅号文件夹中。

（3）在发送消息给订阅用户时，订阅用户不会收到即时消息提醒。

（4）在订阅用户的通讯录中，订阅号将被放入订阅号文件夹中。

（5）订阅号不支持申请自定义菜单。

（二）服务号

（1）1 个月（30 天）内仅可以发送 4 条群发消息。

（2）发给订阅用户的消息会显示在对方的聊天列表中。

（3）在发送消息给用户时，用户将收到即时的消息提醒。

（4）服务号会出现在订阅用户的通讯录中。

（5）可申请自定义菜单。

我们可以看到，订阅号与服务号两者各有优势。订阅号的优势在于每天都可以主动向粉丝推送一条信息，保证粉丝接收信息的频率，走的是“多快好省”路线。而服务号的优势在于独立性更强，消息会显示在用户的聊天列表中，而且服务号可申请自定义菜单。

因此，房地产经纪人如果是刚建立微信账号，可以先选择订阅号，这样可以保证信息曝光率，加快积累粉丝的速度。一段时间以后，可以结合经过二次开发的服务号进行运营。例如，扫房网是一个做中介微站开发及运营培训的专业网站，订阅号与服务号一起使用能形成互补，一方面可利用订阅号提供基本服务，发布精心编辑过的信息，用于推广，同时，可利用服务号更为强大的服务功能给粉丝提供更好的体验感。

三、建立具有吸客魔力的公众平台

把公众平台的运营作为售楼工作的一个重要环节，是不断维护老客户，开拓新客户的不二法宝。房地产经纪人经营公众平台的目的基本上都是为了提升自己的售楼业绩，当然，也不排除小部分人是为了积累大量粉丝，接收广告投放，赚取额外的收入或其他用途。所以，要想打造一个帮助我们提升业绩的售楼平台，公众账号的运营就一定要经过详细而周密的规划，步步为营，不能急于求成，也不能盲目跟风，否则浪费我们的时间和精力，造成徒劳无功。

有些公众平台在运营一段时间以后并没有达到预期的效果，主要有两个原因：一是一开始就没有定好方向，偶尔吸引几个人关注，形成不了规模效应，对售楼工作起不到实质性的作用；二是与用户基本没有互动，久而久之，就被用户淡忘了。

因此，公众平台能不能对我们的售楼工作提供帮助，关键在于是否有清晰、准确的定位，再依据定位进行经营，才能精准“捕获”潜在购房客户。把握好了方向，接下来的运营工作就会轻松、高效一点。

（一）房地产经纪人公众平台规划4个步骤

1. 一开始就锁定客户挖掘“金矿”

房地产经纪人在确定好运营公众平台储备客户的方向之后，就要根据商圈的房源情况确定目标人群以及公众平台所要呈现的整体形象和价值等。以中国房地产培训中心为例，其公众平台定位很清晰，即每天分享最专业的房地产销售技巧，帮助经纪人及门店提升售楼业绩。那么，接下来要做的就是为公众平台起名、描述功能、选择账号类型、设计二维码以及设置账号头像等，服务号还可以完善认证环节，增加公信力。这些准备工作看起来不太重要，但决定了此公众平台能否有效吸引储备客户，帮助运营者提升售楼业绩。

万丈高楼平地起，只有做好这些基础性工作才能为我们后续储备客户做好准备。切记，在申请公众平台前先拟好5个以上备用公众平台名称，因为一旦注册成功是不能修改的。

2. 渐进引导需求，让客户一辈子找你买房、卖房

完成了前期准备工作以后，接下来就需要对公众平台的内容与功能进行不断完善了。

（1）在内容运营方面，房地产经纪人要明确如何给用户推送内容，包括每天或每周推送什么内容，是单图文信息还是多图文信息，是推送资讯或房源信息还是生活服务或娱乐信息。例如，最近门店主推学区房，那么我们就可以选择一些关于片区教育方面的新闻报道，名校学生的学习方法，名人教育小孩的方法，或者是励志故事等，配合房源广告推送给用

户，增加用户的阅读兴趣。

（2）各种功能的完善，包括公司简介、个人简介、商圈优势及门店重点房源、服务优势等资料，还有公众平台关键字引导等。这样让客户关注我们的平台之后，通过我们的引导，持续阅读我们所推荐的图文并了解所在片区房源。

（3）设定关注用户的分类规则。例如，以区域分类，C 代表重庆，G 代表广州，通过分类，在推荐图文信息或房源广告的时候可以更有针对性地发送给相应的客户，当然，这种方式需要经过长期地与用户互动，不断完善。

上述几方面的工作非常琐碎，需要房地产经纪人在工作时间之外完成并长期坚持，才会有助于售楼业绩的提升。

3. 做好推广，为业绩插上翅膀

在互联网还不是特别发达的时候，抢占有利的商业位置，能给我们带来更多客流量，从而使我们有更多的带看成交机会。那么，如今移动互联网高速发展，自媒体不断崛起，正如微信所表达的——再小的个体也有品牌，庞大的智能手机用户及微信使用群体为我们提供了绝佳的营销机会。

想要成为客户关注的对象，最好的方法就是把门店开到客户的手机里，利用公众平台黏住客户，抢占移动终端的客流量。因此，房地产经纪人需要主动出击，找到客户或业主出现的地方，利用二维码吸引客户关注。不管是名片、举牌等工具，还是参加社交活动、外出驻守等，都是增加用户的很好的途径，同时做好推广计划，维护运营。

当然，房地产经纪人还需要充当更多的角色：作为策划人员，需要编辑用户感兴趣的内容及活动；作为推广人员，要负责公众平台推广工作；作为客服人员，要收集用户的反馈意见并解决问题，且对公众平台后台数据进行分析汇总。毕竟，售楼工作更多的是针对区域开展，所以我们需要不定期对推广的结果进行分析，以调整计划更好地吸引客户。

4. 步步为营，让我们的客户量暴涨

在完善公众平台功能并掌握推广方法之后，我们最为重要的工作就是制定每个月甚至每周的推广目标和计划，并认真执行。公众平台是维护客

户和增强客户关系的平台，用户觉得我们的平台能够给他带来价值他才会关注。所以，对于储备了不少客户的房地产经纪人而言，开通平台之后应该第一时间想到老客户，让他们关注我们的公众平台，并不断开发新的客户，将微信拓展客户与跑盘、驻守等外出活动相结合，增加我们在商圈或片区的影响力。

其实，房地产经纪人公众账号的规划并没有想象中的那么难，关键在于需要站在客户或业主的角度思考问题，以不断地创造和满足客户需求为目标。

（二）房地产经纪人公众账号起名的7种方法及注意事项

用户会通过搜索的方式找到我们的公众平台，所以，要想吸引更多的用户，我们就需要在公众号的名字上下一番工夫。你想吸引什么样的客户或业主就需要起一个能够与之产生联系的名字。

切记，公众平台名称最好不要是“××门店官方微信”这种形式，因为这样客户会认为没有什么可读性，以致毫无亲近感，但有些关键字可以纳入我们的考虑范围，例如，房产、投资或者区域名（如广州）等。这样，用户在搜索的时候就很容易找到我们。

1. 给微信公众账号起名的7种方法

（1）提问式起名法。以提问的方式起名，会给客户一种神秘感并引发其兴趣。比如，“投资什么房产赚钱”“广州哪买房”。第一个名字不管客户搜索投资型房产，还是自住型房产都能找到你，增加营销的精准度；第二个名字体现区域，给客户感觉更亲切、更明确。

（2）热门或焦点起名法。可以考虑从生活、区域等大家比较熟悉的热门话题或关注的焦点入手，也可以通过网络参考搜索热度，以确定关键词。现在每个手机号码可申请5个公众账号，所以我们可以选择几个账号备用。

（3）直呼其名法。就是直接以区域加门店、服务种类、小区名称作为微信公众号名称。比如，“广州房产××天河店”“幸福港湾业主论坛”等。但通常不太建议房地产经纪人用门店名称作为公众平台来储备客户，这是因为客户一辈子可能就买一次房，在还没有购房意愿的时候一般不太考虑关注这样的平台，除非同行专业人士。

（4）另类取名法。这样取名会给人新鲜、好玩、有趣的感觉，比如“全球冷笑话大全”“娱乐小道消息”等。但对于房地产经纪人来说，这样做涉及的范围太广，当然，这样吸引的用户会更多，大部分是年轻人，对于推广婚房、小套房也会有所帮助，不过在运营上需要花费比较多的精力。

（5）采用行业取名法。这种形式一般都是以行业加用途来展现的。例如，“房产风水大全”“电影爱好者联盟”等，但每个行业所涉及的人员情况都不同，房地产经纪人需要根据区域房源目标群体选择相关名字。

（6）功能实用法。这种形式可以直接将公众号的用途和服务展现出来，让用户更了解我们的平台。比如，“找房助手”，用途就是帮助客户找房的；“企业资源整合平台”，用途就是增加人脉关系，这也是当前很多中小企业创始人或高管常用于企业发展的做法，能帮助房地产经纪人增加一些较有购房能力的人群，但这需要借助线下的一些活动会更有效果。

（7）百科取名法。就是使用百科作为平台名称。不管是哪一板块的百科涉及的范围都很广泛，例如“健康百科”，不限年龄和职业，这样用户在微信上直接搜索到我们的机会很大，会给我们带来很多的用户关注。相关的还有如“美容百科”“生活百科”等，都会给房地产经纪人大量增加用户的机会，有利于房源的推广。

2. 给微信公众账号起名的两点注意事项

（1）不要使用生疏、冷僻词汇或直接用个人名字。微信公众平台属于封闭的模式，很多用户是通过朋友圈分享的链接关注或根据需求及兴趣在微信上直接搜索，如果我们使用生僻字或不常用的字眼，客户会很难搜索到我们，自然也就失去了很多推广房源的机会。例如你的名字叫罗焱，并以此作为你公众平台的名字，除非你是名人转行从事房产销售工作，或者你的内容非常有特色吸引客户不断转发，否则这样的名字被搜索到的机会微乎其微，不能达到通过平台提升售楼业绩的目的，因为在公众平台搜索中，名称与描述相互匹配的公众账号才能排名靠前。

（2）不要使用涉及范围太宽泛的词汇。宽泛的词汇无法显得你的平台专业，还无法准确锁定客户，因为，对于房地产经纪人来说，客户的主要来源是自己所在城市或区域，如果你取名“房产”作为公众平台显然范围太大，而如果能够加上“广州”之类的区域性名词，会让你所吸引的客户更为精准。

除了账号名称外，对于公众平台的头像也要设计的得体、大方、美观。对于企业来说，现在普遍会使用产品或品牌形象LOGO等，而对于房地产经纪人所经营的公众平台，也需要尽量结合名称来选择比较贴切的图片。在这里也要强调一点，一般不要使用个人照片作为公众平台头像，这样会给客户留下目的性太强的印象，以致客户产生抗拒心理。

此外，公众平台的微信号名称不宜设置太长，较为理想的是六位数的账号，而且这个账号也是唯一的，一旦被别人抢注了你就不能再使用。所以，建议使用简单好记的字母或数字组合，也会有机会被客户搜索关注。

总体上看，房地产经纪人在运营公众平台的过程中，越是精准的关键字越能让客户找到我们，并及时与客户互动或提供服务，从而帮助我们实现用户转化为客户，产生实际销售成果。

（三）如何塑造平台价值，引爆客户关注情绪

房地产经纪人公众平台介绍就像我们在售楼工作中的自我介绍一样，需要有一定的特色或提现价值所在，才能让用户在看完之后记住我们，并明白我们的平台是提供什么样的资讯或服务，用最简洁的话语描述出来，这样有利于我们发展目前客户群。

在描述公众平台简介时，最好不要写公司简介或房源信息，可重点突出能够帮助客户解决什么问题。

其实，客户在关注公众平台时会有两种情况：一种情况是通过朋友圈或其他渠道阅读到我们的公众平台推荐的文章，感觉能给他带来某方面的价值，于是就开始关注并通过历史文章及简介了解我们的公众平台的基本情况；另一种情况是通过搜索或扫二维码看了简介之后关注我们。不管哪一种情况，客户都会通过公众平台的简介和内容来关注我们，所以简介是开始，内容的运营是与客户延续感情的基础。

我们可以想想能和我们长期保持联系的人群都是哪类人呢？一种是朋

友，因为他们满足了我们情感维系的需求，创造了这方面的价值，另一种是业务上的合作伙伴，他们满足了我们业务上的需求，创造了价值。如果一个人在情感、工作、兴趣爱好上都和我们没有任何交集，我们一定很快就会忘记他。所以，运营公众平台时，房地产经纪人可借助上述两点让客户记住自己，延续与客户的感情。

此外，在引导客户持续关注我们的公众平台时，还要利用好自定义回复的设置功能。目前，公众平台后台可以设置的自定义条目上限是200条，如果单纯地设置“你好”“房产”“简介”等关键词就显得有点乏味、无趣。因此，我们需要在此基础上深挖客户的需求。例如，首先设置关注自动回复内容“很荣幸也很高兴得到您的关注，我是××地产乔峰，专注房产投资5年，帮助了372个客户获得200%投资回报。本公众平台专注于××资讯分享，请回复‘1’了解我们，回复‘2’了解往期精彩资讯，回复‘3’索要××区域投资回报，回复‘邮箱+城市’赠送价值680元礼包……”以此类推，引导新用户进行互动。当用户回复数字或信息后，还可以设置下一步的内容或房源信息，一步步让自定义回复增加趣味性。这种分类推送无疑会给用户带来更多更好的体验。

四、精准营销内容才是王道

信息要获得大量的传播关键不在于渠道，而在于内容。而公众平台每天只能发布一次信息，这就要求推送有特色的内容才会得到更多转发，从而增加更多的用户关注。

通过前面的介绍我们了解到，公众平台内容的表现形式包括文字、图片及视频，图文消息有利于用户深入阅读，语音可以满足听觉用户或某些时段的便利性（如开车等），视频则更为生动，但相对消耗流量，同时，还有很多第三方平台产生的一些内容，都可以转发到我们的朋友圈产生传播。

所以，内容的选择是基于我们所面对的目标客户，要想得到客户免费的传播及分享，最基本的要求是弱化房源广告信息，即95%的内容可选择一些相关的资讯。

根据公开调查报告显示，在目前所关注的公众平台账号中，关注资讯类的用户最多，达到65.7%，其次是搞笑或玩乐类和科技类的，分别是37.1%和31.4%，品牌或购物类的公众平台的用户关注度相对较低，占比不到8%，仅仅高于政务类和影音类公众平台。

我们不难看出，用户对于资讯的关注度及产生传播是比较明显的，故房地产经纪人在运营公众平台时也不例外，需要紧紧抓住用户的这种实际需求，不断通过内容服务积累用户，从而不断地对用户产生影响。

（一）怎样做到一推送，客户就阅读你的资讯

当运营者推送的内容具有实用性、趣味性并满足用户分享的欲望时，微营销推广可以说已经迈出一大步，同时，坚持在相对固定的时间点推送，更容易让用户记住并阅读。如果主要用户主动转发分享，才会影响到用户更多具有强关系的好友，促使更多基于真实用户关系的传播，给我们的平台带来更多实际的价值。

同时，房地产经纪人在运营公众平台时也应注意到，公众平台后台有一系列的数据分析，可以了解到用户的详细情况，其中一个很重要的数据就是我们推送的信息有多少人阅读与转发，也可以了解多少人在什么时间取消对自己的关注。通常，用户取消对我们的关注主要有以下6个方面的原因：

第一，只推送房源信息广告。

第二，资讯没有给用户带来太多的价值。

第三，陈年旧闻，没有什么创意。

第四，信息虚假或没有分量。

第五，内容长篇大论，用户没时间阅读。

第六，内容发布时间不确定，用户失去兴趣。

当然，还有其他方面的原因，但广告信息泛滥还是其中最为主要的原因之一，就像朋友圈每天不断推送房源广告被拉黑一样，客户关注你不只是要看广告，这是再简单不过的道理。

对于房地产经纪人来说，发布什么内容，什么时间发，如何与用户互动等都需要结合自己所推广的房源目标人群来决定。一般情况下，就房地

产经纪人而言，在内容规划上可以分为四个步骤。

1. 确定内容的方向

运营者在选择内容的方向方面，需要结合不同的房源总结出目标客户的特性，从而满足客户的需求，培养客户对自己的公众平台的忠诚度及美誉度，并且无条件帮助你转发。例如，你所在区域主要是投资性房产，那么选择内容的方向要抓住的关键点就是投资，一般会投资房产的人群包括企业高管、富二代、官二代、创业者等。这就需要房地产经纪人结合自己所在地投资房产的目标人群，确定更为准确的内容方向，分享一些企业管理、创业方向、商机等资讯。

2. 筛选重点的内容

房地产经纪人在运营公众平台的内容方面，在确定方向的基础上，根据自己所了解的客户的特性，筛选迎合客户需求的重点内容，包括范围和标准，把满足客户的需求作为内容发布的基本准则。

通常情况下，房地产经纪人发布公众平台是为了吸引客户的注意力以增加用户的黏度和适当体现房源的价值。不同的房源，筛选结合不同的资讯内容发布，会更能体现效果。就筛选内容而言，可以从下面 7 个方面进行：

第一，关联性。即内容与目标客户或业主有一定的关系，同时适当加入体现房源价值的信息。

第二，趣味性。即适当推动一些娱乐性信息，内容不断创新，具备一定的趣味性。

第三，实用性。即能给用户提供一定的帮助，例如商圈生活服务信息、生活常识等。

第四，独特性。即根据房源特点打造具有城市特色的内容，展示传播区域房源的价值与给客户带来的好处等。

第五，多元化。即内容切入点及表现形式多元化，针对目标客户选择多方面的内容并利用图片、视频或语音等方式体现出来。

第六，互动性。选择一些与用户能产生互动沟通交流的话题，增加用户的参与感，哪怕是简单的问候或问题收集等。

第七，热点话题。对于你所在区域的一些热点话题，结合目标客户习惯及平台的内容方向，让用户主动转发分享。

所以，在内容筛选方面与用户的互动至关重要，只有内容体现价值，才会吸引更多关注和分享。同时，应尽量避免推送一些有政治色彩或宗教倾向，没有经过证实的内容，例如朋友圈转发的一些寻人启事、捐款等信息。

3. 内容的编辑与管理

确定好方向及内容之后，接下来就要对内容进行编辑与归类管理了。前面我们已介绍过公众平台内容排版的问题，这里主要介绍平时的内容管理的相关内容。对公众平台内容的系统化分类管理能够提升质量及管理效率，也有助于房地产经纪人在运营过程中不断增强专业能力，提升判断与编辑信息的综合能力。

其中，按内容的性质及来源方式分类，一般房地产经纪人需要掌握以下几大类的内容：

第一，专业知识，包括房地产相关的户型、风水、建筑材质、政策等。这些在房源信息推广时可以利用，增加房地产经纪人的专业度。

第二，家庭类，包括家庭教育、健康资讯、成员关系管理、婚育保健等，不管对于婚房、学位房等都能吸引相关客户。

第三，幽默搞笑型，偶尔给用户增加一些业余的乐趣，抓住用户休闲时间，适当植入房源信息也可以起到一定的宣传推广作用。

第四，企业类，包括企业管理、职场生活、时事趋势等企业相关的资讯或专业知识，有利于房地产经纪人开发职场客户。

第五，关怀互动型，包括节假日的祝福、各季节的饮食规律等提示关怀，也能给客户心理留下更好的印象。

此外，其他内容可以根据实际再加以更细致的分类管理。同时，也要合理安排好运营时间，积极开发和维护客户，让你的内容传播更广。

4. 内容的推送时间

利用公众平台可以获取用户的信息及相关分析数据，并通过分组功能进行客户分类，有针对性地实现人性化管理，所以我们可以定向投放相关的房源广告信息。例如，今天给附近业主推送没有广告的资讯，明天可以针对购买投资房的客户推送关于片区投资价值的相关信息等，这样可以避免因推送给客户的信息量太大而引起客户不满以致取消对我们的关注，故要让我们的每一条信息都发挥最大的价值。

（二）公众平台内容的来源

相信很多房地产经纪人在运营微信公众平台时都会为不知道发布什么内容比较合适而发愁。或者，有些房地产经纪人片面认为，开通账号、发点房源广告，再找些搞笑段子或房产新闻，这样就可以完成运营工作。我们知道，内容没有价值或太多广告只会让用户随时取消对我们的关注。前面我们也给公众平台内容管理做了相关分类，那么平时需要的这些内容可以从哪些渠道或方法获取呢？

第一，网络渠道，包括各行业的门户网站、信息平台、百度等。

第二，通过朋友圈收藏整理，每天阅读刷新朋友圈，看看客户都喜欢什么类型的资讯，也可以将其收集整理放到公众平台上，这样有利于我们抓住客户的需求。

第三，传统的报刊、图书等渠道，通过订阅报纸或其他刊物收集相关内容，还有增加读书时间，提升个人修养，同时整理相关内容用于微信内容运营可谓一举两得。

第四，通过参加活动或培训获取一些相关资讯也可作为内容来源的一方面。

其他的可根据需要随时随地搜集整理，储存到电脑进行分类管理，一段时间后我们就会在内容运营方面得心应手了。

附录一

微信公众平台实操教程

微信公众账号是在个人账号的基础上，可以向所有关注你的人发布即时消息；一般公共账号都是基于某些兴趣点，作为一个内容发布的客户端来使用，也可以起到营销作用，作为你推广房源或者提高知名度使用。

2013 年 8 月 5 日，微信公众平台进行升级，将微信公众平台分成订阅号和服务号两种类型。

服务号是公众平台的一种账号类型，旨在为用户提供服务。2014 年 4 月 15 日，服务号升级一个月内可以发送 4 条群发消息。服务号发给用户的消息，会显示在用户的聊天列表中。并且在发送消息给用户时，用户将收到即时的消息提醒。

订阅号是公众平台的一种账号类型，为用户提供信息和资讯。订阅号每天可以发送一条群发消息。订阅号发给用户的消息，将会显示在用户的订阅号文件夹中。在发送消息给用户时，用户不会收到即时消息提醒。在用户的通讯录中，订阅号将被放入订阅号文件夹中。

账号类型一经更改则无法修改，面对二次开发和推送品类的鱼和熊掌选择题，公众账号需要谨慎选择。对以固定推送打造用户黏度、个性化原

创内容吸引客户视线的自媒体账号而言，保留订阅号状态无疑是上选。

以工具、服务为平台核心的企业号，宜升级为服务号，申请自定义菜单完善平台界面，将不断优化用户体验作为运营目标。而对那些账号订阅用户数量偏低，需要通过适度频次的推送保持用户关注度的企业号，暂时可考虑保持现有订阅号模式，但完成向沟通服务属性的转型后，再行升级。而无论企业公众账号最终归属订阅号还是服务号，卓越的沟通服务性能、针对用户取向的精品推送，才是企业公众账号的求胜之道。

一、企业微信公众账号注册所需材料

（一）基础材料准备

（1）公司简介。

（2）产品介绍及照片。

（3）客户见证、照片、视频。

（4）荣誉证书。

（5）团队活动合影。

（6）房源描述。

（二）注册材料准备

（1）营业执照副本。

（2）组织机构证、营业执照。

（3）企业授权书（后台下载，打印，盖章）。

（4）运营者手持身份证照片，每个身份证可注册5个账号。

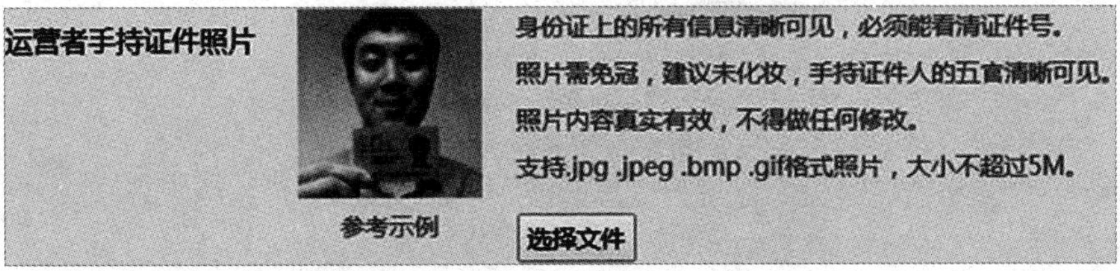

（5）一个没有注册过公众账号的邮箱。

（6）正常开通的手机，用来接收验证码。每个手机号可获取两个公众账号验证码。

（7）想好公众平台备选名字 3～5 个。

（三）账户认证条件

（1）支付 300 元认证费目前不需 500 个粉丝这个条件。

（2）个人订阅号先认证同名微博，目前不支持新浪微博认证。

（3）第三方公司协助您认证。

二、微信公众账号注册实操

（一）登录 http：//mp. weixin. qq. com/（注：不支持 IE6 及以下浏览器），点击右上角“立即注册”。

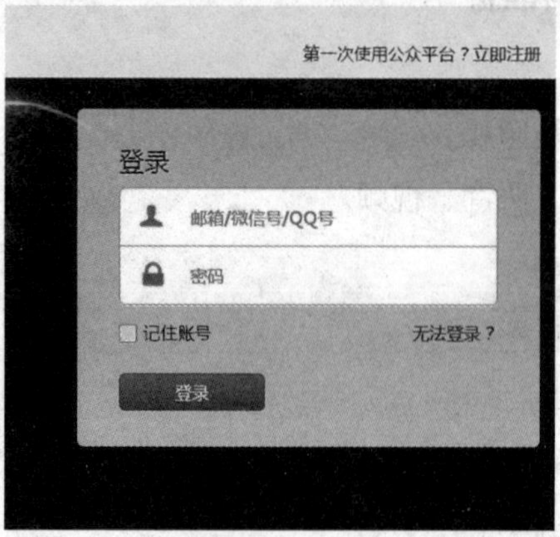

（二）填写基本信息，基本信息填写完成之后，选中“同意并遵守”，点击“注册”。

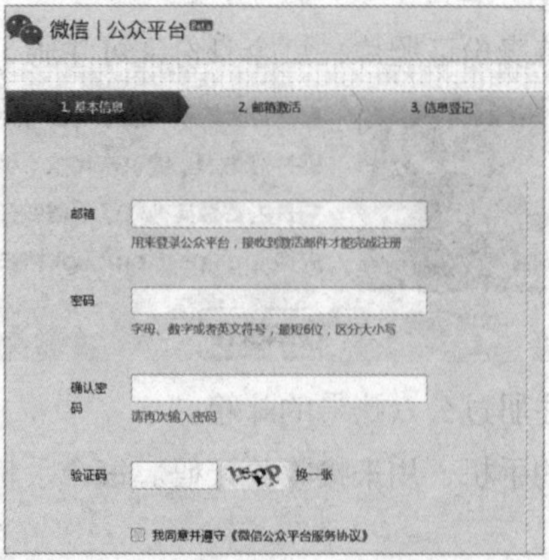

（三）点击“注册”之后，微信平台会发链接到你的邮箱里，打开邮件，点击链接。

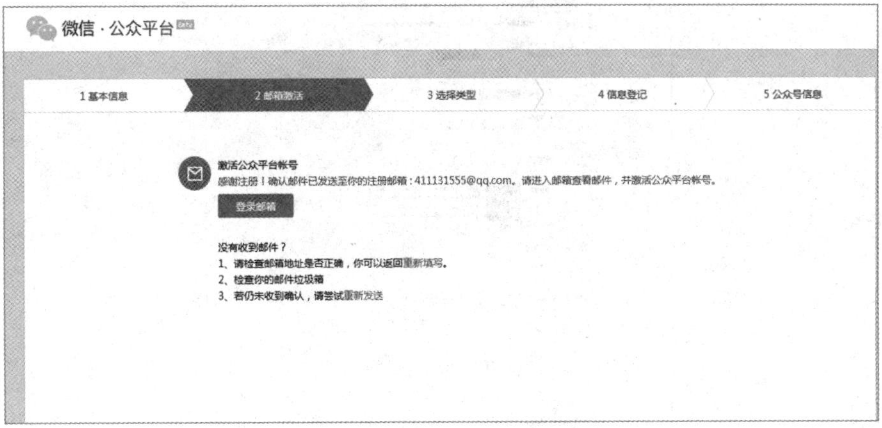

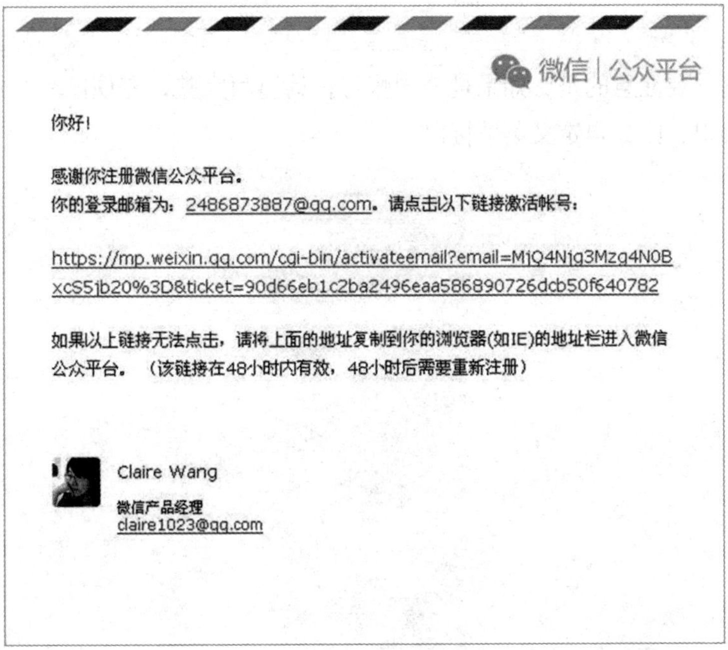

填写公众账号所有者的信息，根据要求填写，然后上传手持身份证清晰照片，手机验证一下。

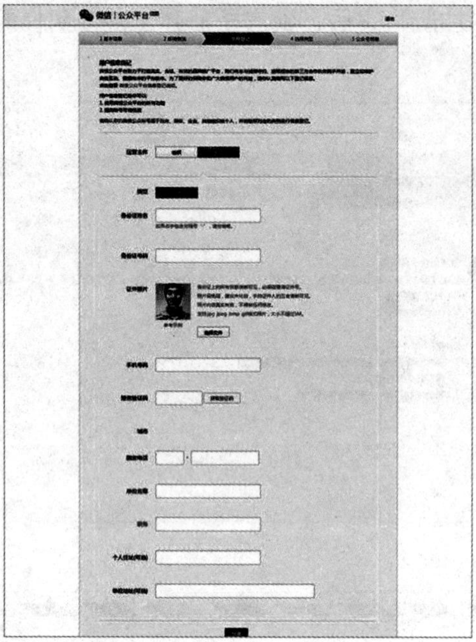

这里要注意的是，如果是公司账号，请填写完整，方便以后公司申请一些接口，比如自定义菜单接口。

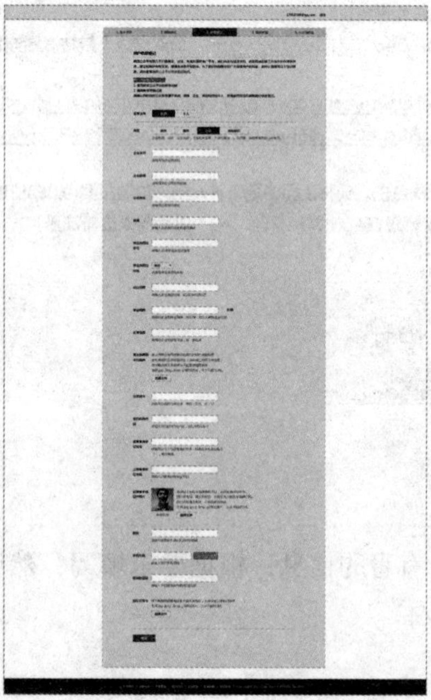

（四）选择类型。微信公众平台现在已经分为订阅号和服务号两种类型。选择公众账号类型后，目前只有一次修改机会。选择个人注册的只能选择订阅号。

（五）填写公众号信息，“账号名称”一经填写不能修改，“功能介绍”填写之后每个月可以修改一次。其他信息填写完成后，点击完成。

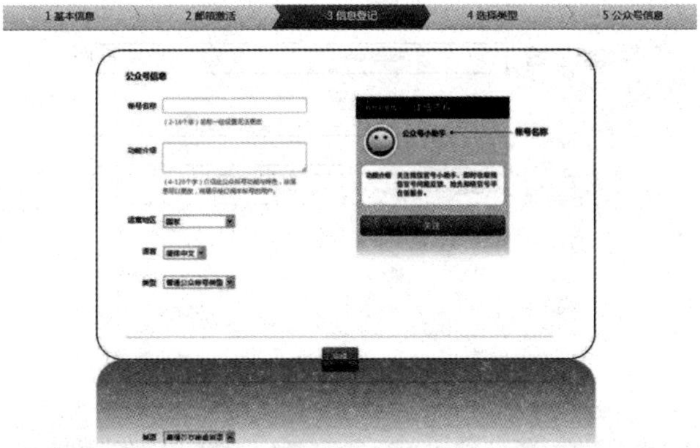

想好公众账号名称非常重要，一旦申请成功名称不能修改，并且该名称最好与已获得认证的微博名称相同。

这里需要注意的有三点：

第一，账号名称一旦设定是不能再更改的。

第二，公众账号的自助认证必须要与该名称相同的已认证腾讯微博来辅助认证。如果两个名称不同的话需要通过邮箱人工认证，需要提供的资料会比较多。

第三，在微信用户搜索公众账号有两条途径，一条是通过微信号直接搜索，一条是通过账号名称搜索。由于微信号通常是英文字符加数字等组合而成，对用户来说不便记忆，因此通过中文搜索公众账号是一个重要途径，公众账号中文名称要取得辨识度高，可搜索性强。

功能介绍要符合公众账号的注册宗旨，利于通过审核，账号类型选择普通公众账号即可。至此微信公众账号就注册成功了。

注册完成后可以等待审核通过，审核会在 7 天内完成。未审核情况下不能使用群发和高级功能。

三、成为明星公众账号的秘诀

将信息登记成功后，即可进入账号信息设置的界面，按照主题来设置个人账号。

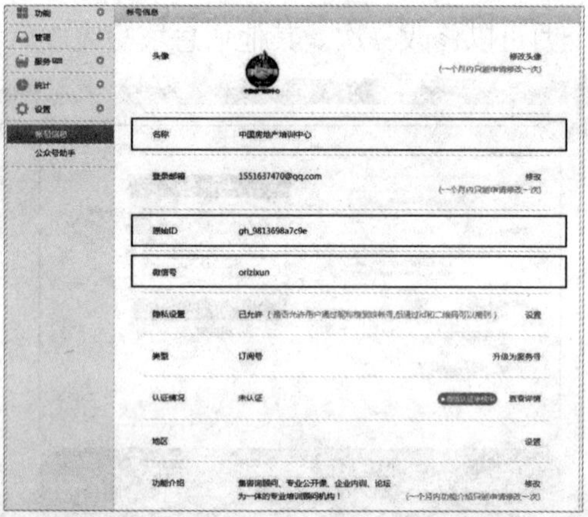

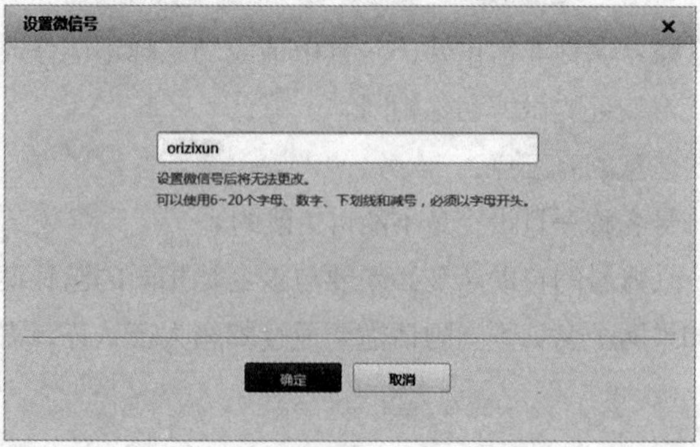

（1）头像尽量选择吸引人切合主题的图片，也可使用公司 LOGO 或产品。确定头像之后也就确定了微信二维码。

（2）公众账号名称尽量采用相关热门关键词，以增加账号曝光率。

（3）服务号建议使用公司或品牌名称，订阅号建议用行业或区域或圈子文化命名，如“广州房产资讯”“房产投资热点”“广东总裁”“妈妈帮”“育儿宝典”等。取名需要跨界思维，除了横向的房地产、装修、清洁、家居等词语，纵向可以从购房者需求出发，如婚房的，可以从育儿、妈妈、健康等方面入手。

（4）公众平台微信号要简单好记，在推广二维码过程中附上微信号方便客户搜索。如中国房地产培训中心微信号 orizixun。

四、如何登录微信公众账号

（1）输入 https：//mp. weixin. qq. com/进入，在登录框填写账号和密码，再单击【登录】按钮即可。

（2）搜索【微信公众平台】，点击进入登录框，再单击【登录】按钮即可。

登录成功就进入微信公众平台的首页，审核通过之前不能使用群发和高级功能。

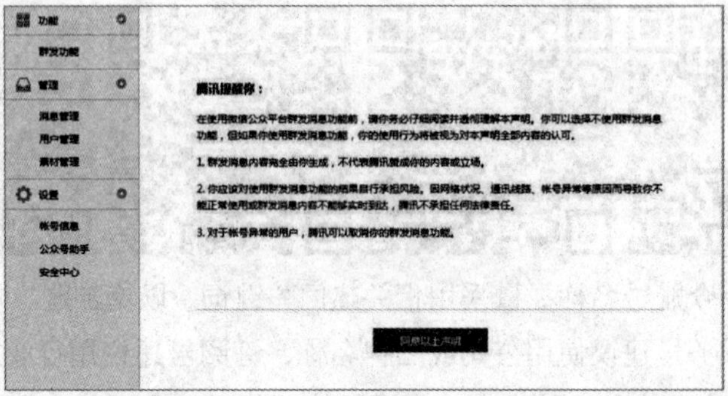

审核不通过可能是个人手持身份证照片不清晰，这个情况偶有发生。

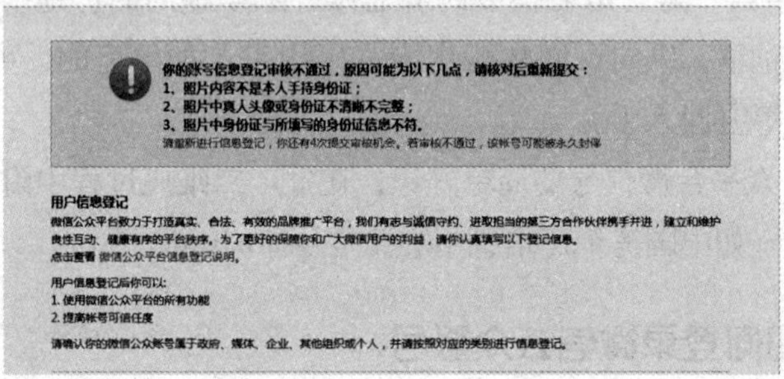

注意：忘记密码时点击登录框【无法登录】，点击输入注册时使用的邮箱。

登录注册时使用的邮箱，点击链接，重新设置密码。

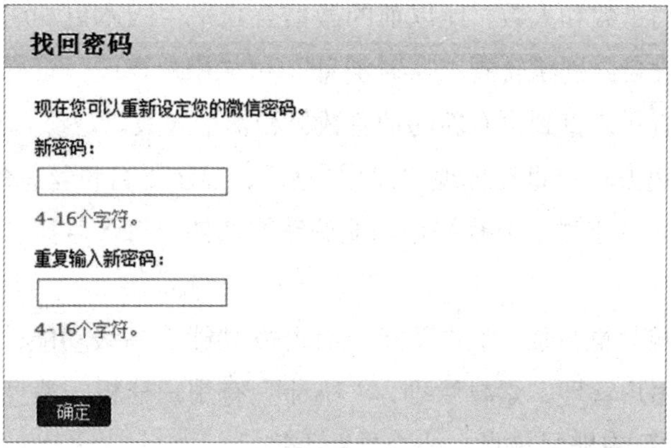

输入新密码，点击【确定】按钮就可以了，再回到登录框登录就可以了。

五、微信公众账号后台介绍

（一）微信公众账号后台“欢迎”页面

登录公众平台后首先进入欢迎页，这里会提供公众账号的一些运营数据，如下图所示：

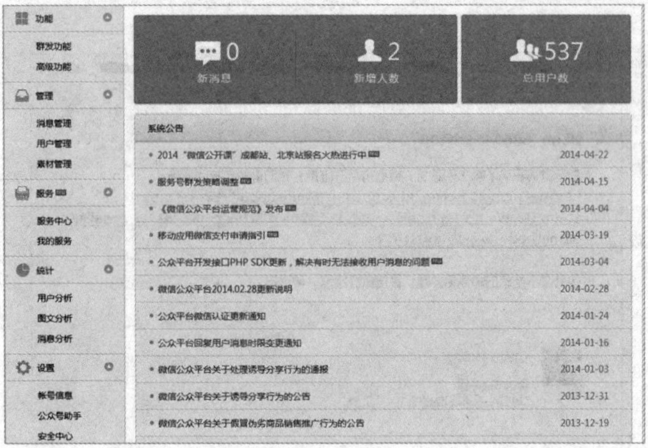

（1）进入首页可直接在蓝色方块“新消息”和“新增人数”里，看见新增加的消息数和人数，比以前的微信公众平台版本更加清晰直观。单击相应的方块会分别跳转到“实时消息”和“用户管理”页面，然后这些数据就分别清零，直到再有新的消息数目和新增人数。

（2）绿色方块可直接体现“总用户数”，显示平台粉丝总数。

（3）官方关于微信公众平台功能调整的通知，每天监控以免遗漏重大通知消息。

（4）左侧页面导航栏，“功能”有群发功能、高级功能，“管理”有消息管理、用户管理、素材管理，“统计”有用户分析、消息分析、图文分析，“设置”有账号信息、公众号助手等。

（二）微信公众平台“实时消息”页面

单击公众后台导航的“实时消息”选项卡，或者在欢迎页面里单击新消息数后面的“查看”新链接，就可以进入“实时消息”页面，该页面用于展现用户通过手机向公众平台发送的即时消息，这是与用户用心互动的重要阵地，许多微信运营者就经常在这个页面和朋友们互动，做人工服务。

1. “实时信息”页面菜单栏

“全部消息”指的是5天内用户发送给公众平台的消息数据；“今天”“昨天”“前天”分别对应最近3天的用户当天消息；“更早”指的是除去最新3天以后4天的消息；“星标信息”用来查看重要的被标注为星标的信息。

2. 消息搜索

这个功能有点问题，有些搜索不到，即使是5天内的消息，搜索到的话会出现如下页面：

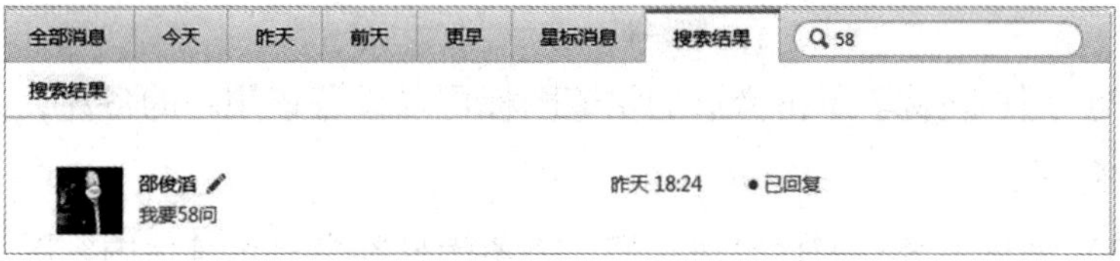

3. 消息列表

根据顺序将用户信息排序显示，每页20个，翻页可选择跳转或一页一页翻转。

单条消息详解如下：

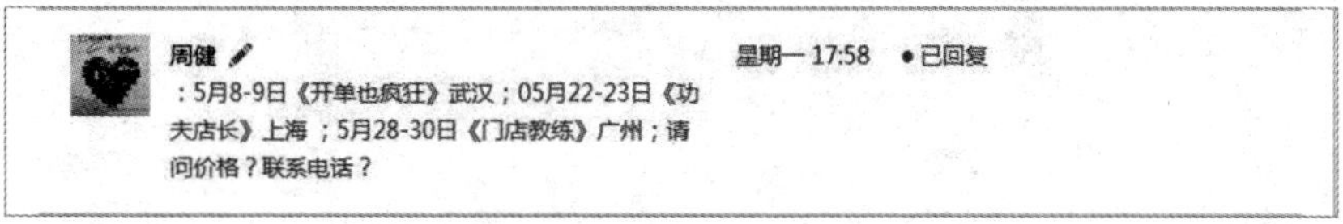

（1）用户头像。鼠标移动到头像上会显示用户信息卡上，有昵称、性别、备注名、地区、个性签名、用户分组等。用户信息里没有用户的微信账号，在公众平台里与用户进行信息交互都通过唯一的 openid，主要是为了保护用户不受骚扰。

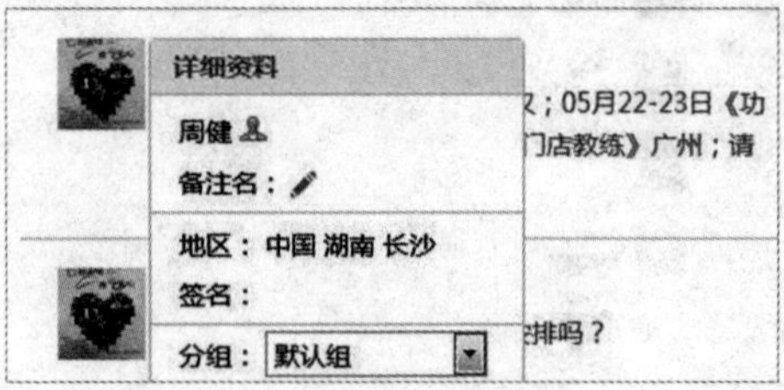

单击用户头像会跳转到与用户一对一聊天页面，除了可以发文字外，还可以发送表情、语音、视频、图文信息等，对于一些企业客服来说，可发送一些预设好的咨询回复。该页面只显示最新的 20 条互动消息，包括用户发送和公众平台回复的消息。

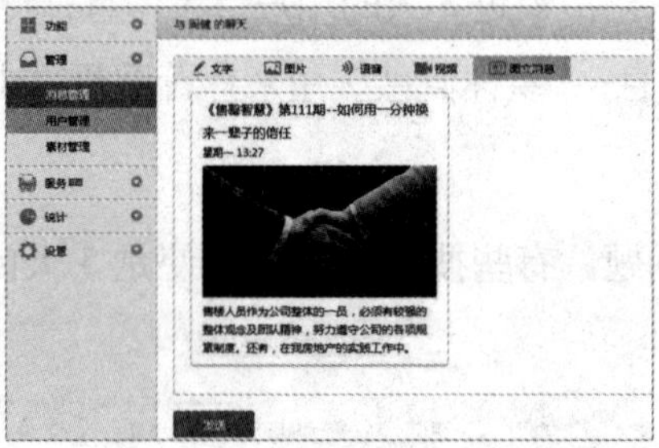

(2) 用户昵称。单击旁边的铅笔图标可以设置该用户的备注，方便对用户进行辨识。

(3) 消息内容、消息发送时间。每条消息都会显示具体内容跟发送时间，可看是否超过 48 小时未回复。目前规定 48 小时内回复用户消息，要不将失效。

(4) 回复消息。单击该图标会弹出【快速回复:】输入框，只能输入文字或用表情方式。

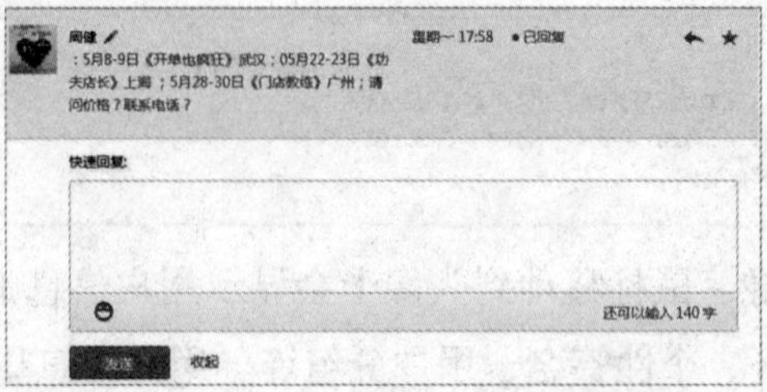

（5）星标信息。单击【快速回复:】右边的五星标志可将消息设为星标消息，标注成功后图标会变成为橙色五角星，并且该消息将永久保存在星标信息中，适用于一些重要的用户信息的保存。

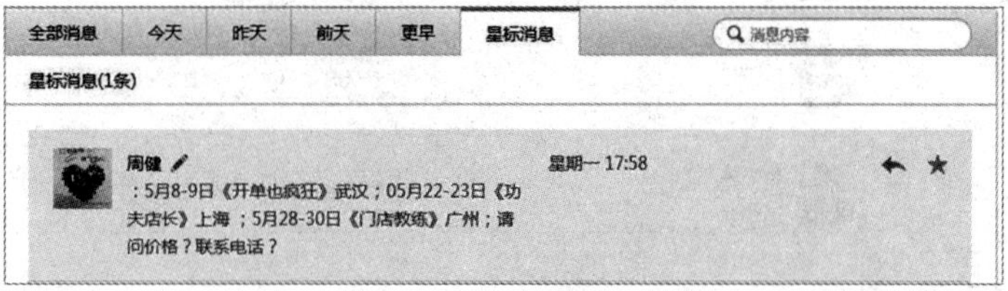

（三）微信公众平台“用户管理”页面

点击公众平台后台导航的“用户管理”选项卡，或者在欢迎页面里点击新朋友数后面的“查看”超链接，就可以进入“用户管理”页面，该页面用于对关注了该公众账号的用户进行管理。

1. “用户管理”菜单

菜单是根据用户分组来显示的，默认组有“未分组”“黑名单”“星标组”3 个分组。点击“新建分组”选项可以新建自定义的分组。

2. 用户分组

单击分组下拉列表框选择组别，然后点击“放入”按钮就可以对用户进行分组，被分组的用户将消失在当前组别列表中，出现在另外一个分组中。

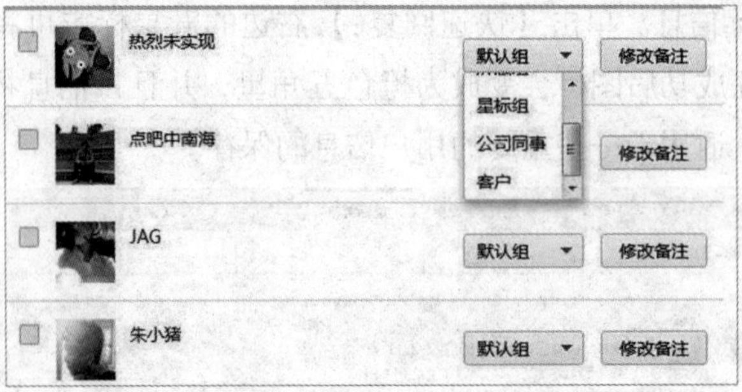

3. 修改备注

同实时消息中所介绍的内容，备注修改后用户名称将由备注名 +（用户昵称）组成。

4. 批量分组

将需要分组的用户头像前面的复选框（check）勾选，然后统一放到一个组别。

公众平台后台的“用户管理”页面中没有用户搜索这一功能，因此想找个人并不方便，所以如果是老客户或者认识的客户建议使用实名制管理，不然五花八门的名字确实很难查找。

六、微信公众平台群发

微信公众平台最常用到的就是群发消息，这种一对多、几乎百分百到达的传播方式，取代了短信群发，并且具有多媒体形态，还可以直接引导转化。因此，编辑一条好的内容，挑选恰当的时候发送，既可以给用户带来有价值的信息，又有机会给公众账号带来新的关注和收益。

（一）微信公众平台后台素材管理

点击公众平台后台导航的“素材管理”选项卡，或者在群发消息页面，或者在与用户聊天页面，选择发送多媒体内容时快捷进入。这个页面主要是用来管理公众平台的图片、声音、视频和图文消息内容的，如下图所示：

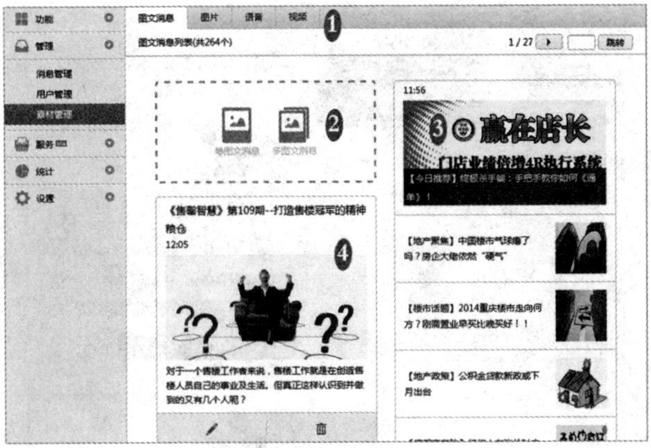

1. 素材类型

微信公众平台可以群发的消息类型为文字、语音、图片、视频、图文消息，除了文字可以在群发消息时直接生成，其他 4 种类型都需要先在素材里生成原始素材。

2. 图文消息类型

图文消息有两种形式，一种是单图文消息，一种是多图文消息，适合推送单篇文章或者是多个文章列表。

3. 多图文消息

多图文消息头条有大图展现，其余是标题配小图，灵活使用可以有很多种玩法，如图列中就用多图文消息生成一个微信的欢迎菜单。

4. 单图文消息

单图文消息主要由标题、封面、提要、时间等组成。

（二）新建单条图文消息

上文已经提过图文消息有两种形式，先来说单篇文章的，点击图文消息图标后进入消息编辑器，如下图所示：

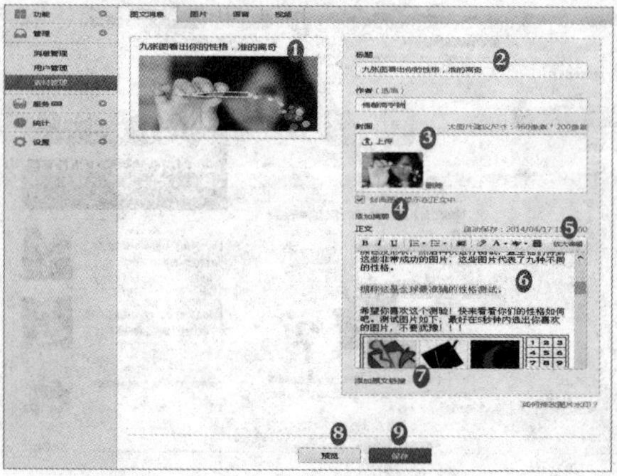

1. 图文消息预览区

这里可以让作者看到最终发送到用户手机上的消息效果，但是封面图片的展示和最终效果可能会有一些差别。

2. 文章标题

文章标题力求抓人眼球，因为当消息推送到用户手机上时，用户的对话栏里最先显示的是文章标题。长度尽量不要超过 13 个汉字，否则手机显示会折行，影响显示效果。

3. 封面图片上传

炫图尽量与文章主题相关，同时要符合公众账号定位，少用卡通漫画等抽象形式。图片要选择横方图，即宽度大于高度的，或者用多张竖立图做拼图也可以。如果图片里有人物，要避免人的头部被切去，否则就会出现下图这种情况：

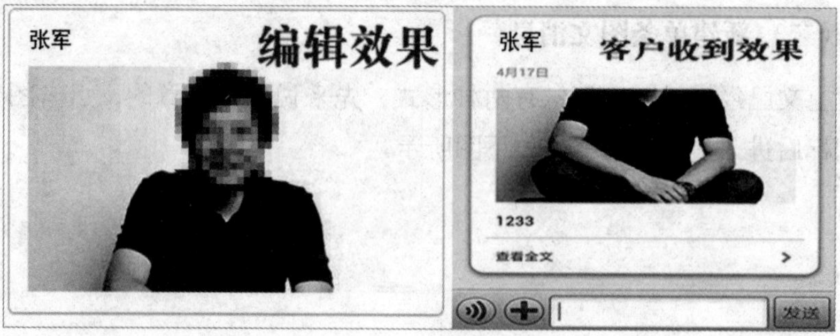

4. 文章摘要

关于文章的一些简要说明，可以挑选文章中的某段比较精辟的话，长度不能超过 120 个汉字。摘要一定要重视，因为在没有 Wi－Fi 的环境下图片显示得比较慢，了解文章主要靠标题和摘要，一段好的摘要一定会提高用户的阅读率。

5. 编辑器工具栏

从左到右的功能分别为：加粗、斜体、下划线、编号列表、符号列表、图片上传、样式清除、字体大小、字体颜色、字体背景、视频等。使用方式跟其他的后台编辑器一样。

6. 内容编辑框

编辑的内容所见即所得，图片会自动缩放至合适宽度，单击鼠标右键会有快捷菜单出现，调整段落左对齐、居中、右对齐，还可插入表格。

用户阅读图文消息时是在手机上，因此内容排版要考虑手机阅读习惯，主要注意如下几点：

（1）样式要简单，不要有太多颜色，否则会分散注意力。

（2）文章配图不宜多，会受到网速影响无法打开，无特殊情况 3 张足够。

（3）多分段多留白，不要出现大量文字堆积的情况。

（4）文字 500～1000 字为宜，用户阅读都是利用碎片时间，太长了没有这个耐心。

（5）插入的视频消息目前只支持来自 v. qq. com 的视频且不支持 Android4. 0 以下手机。并且，会在用户打开的图文消息里自动地播放，很耗流量，慎用。

7. 原文链接

这是一个微信群发消息里唯一可以加外链的地方，很多公众账号现在都在微信的模板里放部分内容，全部内容必须点击原文链接才可以阅读，这是个导流量的好方法。注意：订阅号可通过原文链接到公司官方公众平台，这里要小心的是，不要做垃圾广告或虚假广告，尽量和账号定位相符或者与自己的品牌相同。

8. “发送预览”按钮

这个按钮非常有用，点击后会出现一个对话框，输入自己的微信号，点击“确定”按钮后手机会收到一条图文消息，内容格式与群发消息时用户收到的一样，可以用来检查标题、图片等格式是否正确，检查内容排版上是否有问题。由于微信的缓存机制，有时候会发现预览的消息和之前一样，过段时间再发次预览就刷新了。注意：如果是在微信后台直接编辑文章，由于微信后台没有自动保存功能，时不时点击下“发送预览”等同于保存文章。

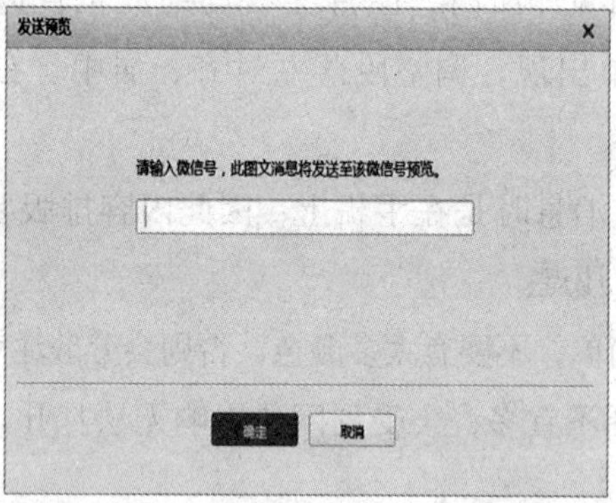

9. “完成”按钮

保存文章退出编辑模式。

（三）新建多条图文消息

多条图文消息，顾名思义就是一次群发消息可以发送多篇文章，其编辑器和单条图文消息的有所不同，如下图所示：

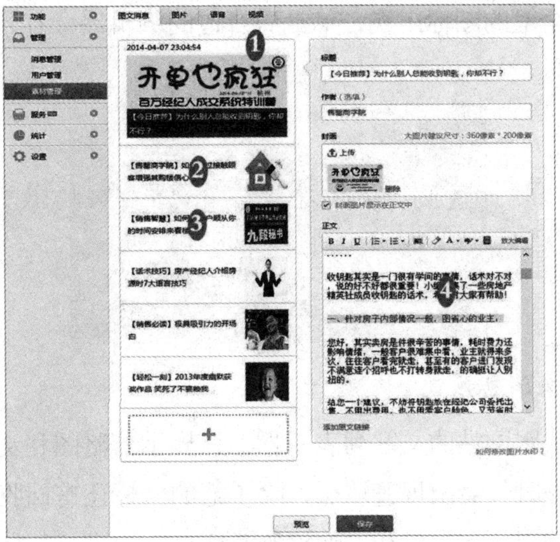

那么，如何使用公众平台发起多条图文消息呢？

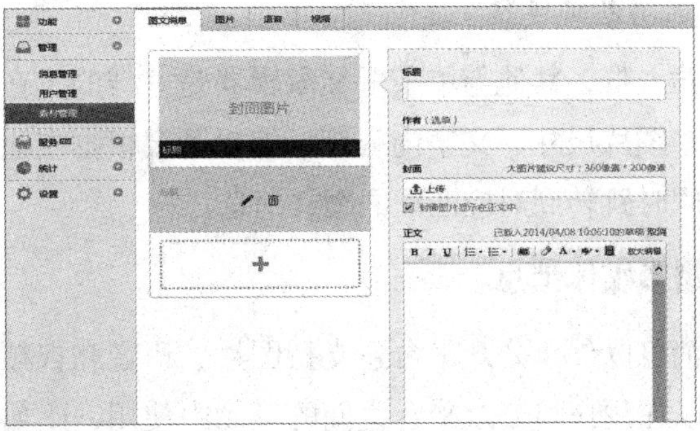

1. 头条图文消息预览

头条图文消息预览跟单图文消息预览非常像，不同的是没有文章摘要区域，文章标题层叠在封面图片上。当鼠标移动到封面图片时会出现遮罩层，同时有一个笔的图标出现，单击后右边的编辑器会打开，可以进行头条消息编辑。

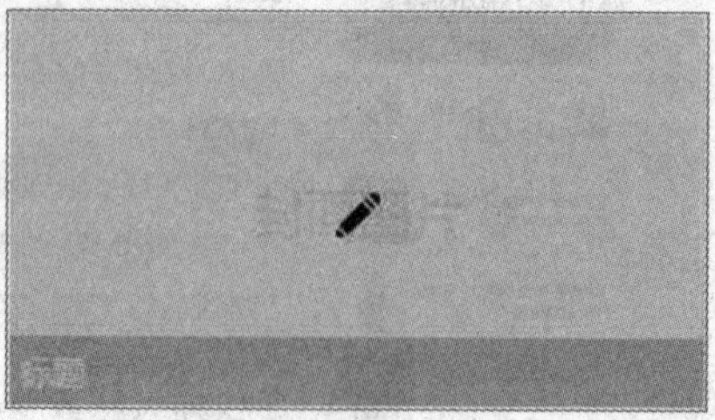

2. 列表图文消息预览

这里的形式跟网站的文章列表一样，只显示缩略图和文章标题。当鼠标移动到该区域时，会出现遮罩层，除了笔的图标还有回收站的图标，单击后分别执行编辑该条消息和删除该条消息的操作。

3. 添加一条图文消息

单击后在尾部添加 1 条新的图文消息，最多可添加 7 条，加上头条图文消息一共是 8 条。

4. 多条图文消息编辑器

少了摘要输入框，其他与单条图文编辑器是一样的，在使用中同样要注意标题长度、图片尺寸、文字内容等。编辑器会根据左边的选择，自动切换消息内容同时跳转到对应匹配的图文消息。

（四）新建多媒体消息

除了图文消息以外，公众平台还支持图片、语音和视频的群发，同时此类素材也可以在用户与公众平台之间的互动中使用，比如用户发送某个关键字时，公众平台自动回复一张图片、一段语音或者一段视频，增加趣味性，还可以检测用户的活跃度以及做一些人、用户感兴趣的分析。

1. 新建图文素材

这就是一个图片管理模块，图文消息的封面图片会自动存放到这里，支持的图片类型为 bmp、png、jpeg、jpg、gif，图片大小限制为 2MB。

（1）gif 格式动画图片是不能上传的。

（2）有时候会发生图片上传中出现上传失败，显示红色 error 字样的事情，用美图秀秀这类工具重新保存就可以了。

公众平台如何上传素材呢？如下图所示：

①图片上传：

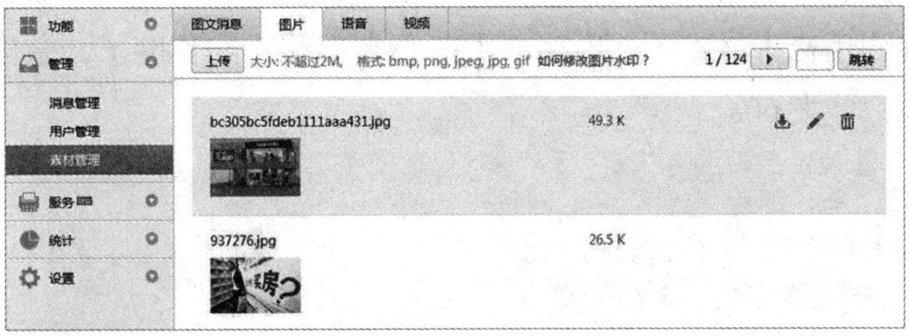

②语音上传：

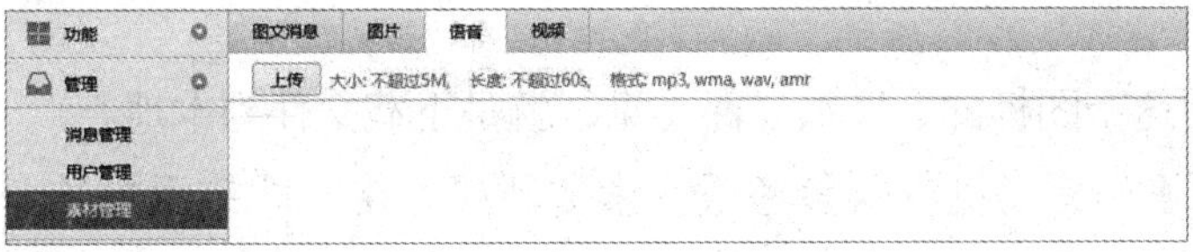

③视频上传：

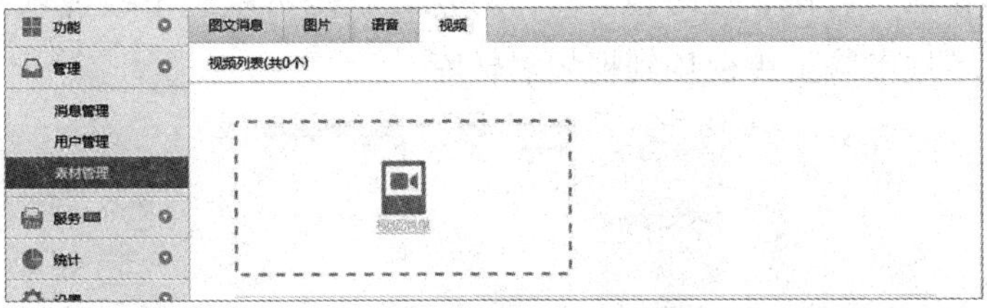

2. 新建语音、视频素材

语音和视频的上传管理与图片管理一样，也是直接将准备好的文件上传到后台。

语音支持的格式为 mp3、wma、wav、amr，大小限制 5MB，时间长度限制为 60s。

视频支持的格式为 rm、rmvb、wmv、avi、mpg、mpeg、mp4，大小限制为 20MB。

制作语音素材看起来是一件很麻烦的事，特别是播报文字的话，需要用麦克风录到电脑里，然后还得控制语音的长度和大小。这里给大家提供一个好办法，这就是掏出你的手机把你要播报的文字直接通过微信说给公众平台听。然后到公众平台后台会看到那条消息，选中该条消息后发现和纯文字消息不一样，多了两个新图标。

（1）点击该按钮会出现一个填写素材名称的对话框，填上素材名称（注意名称要规范，否则查找麻烦），点击“确定”按钮后这个语音消息就自动保存到语音素材库了。现在不用担心大小和时间长度了，微信语音消息最多也只能发 60s。

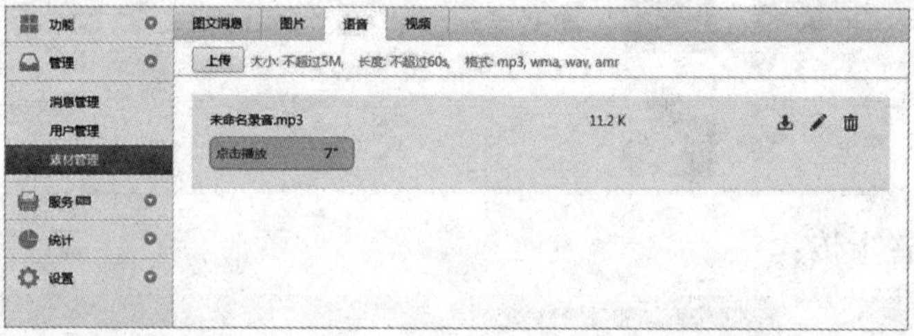

（2）这个图标的含义很显而易见，就是下载文件到本地。

视频素材新建也可以参考语音素材新建方法，即拿手机拍一段视频，通过公众平台上传。但不同的是，新版微信公众平台取消了“将视频保存到视频素材库”功能，这时也有一种办法，就是可以先下载视频到本地电脑，再从本地电脑上传视频到视频素材库。

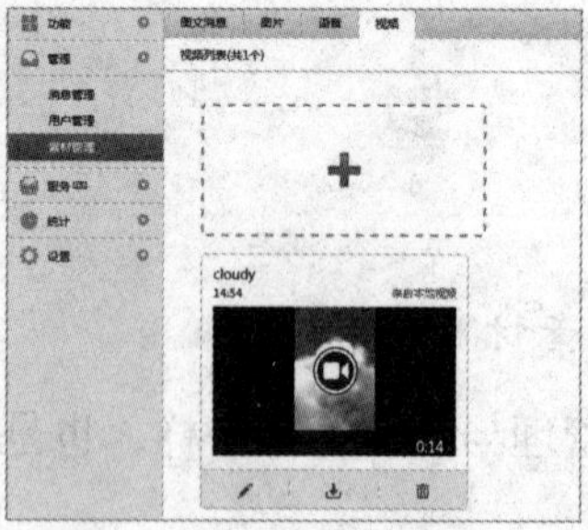

（五）群发消息

素材都准备好以后，剩下就是群发给关注公众平台的用户了，在群发前最好再发送预览到自己手机上检查一遍！因为消息一旦发出去以后就没有办法撤销，而且用户接收到的消息是存放在用户本地的，也就是说，即使在工作平台修改也无法刷新用户手里的消息，包括分享，因此群发请谨慎！“群发消息”页面很简单，如下图所示：

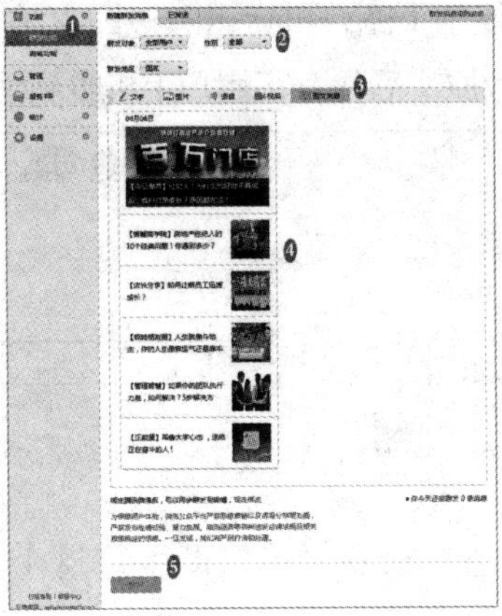

1. 群发消息菜单

一个菜单项是新建群发消息，一个菜单项是查看已经群发的消息历史记录。

2. 群发消息对象

可以根据用户的分组、性别、地区来设置群发消息的用户范围。注意，虽然可以选择用户范围群发，但是每次发送都将消耗一次群发机会，也就是说，如果一天只有一条群发消息配额的公众平台，发完以后就变成0次消息，不能再给其他用户群发了。

3. 群发消息类型

可以选择文字、语音、图片、视频和图文消息类型。

4. 群发消息内容框

文字可直接输入在框内，其他则根据不同的素材有不同的显示格式。

5. 剩余群发条数

目前订阅号每天群发1条消息，服务号每月群发4条消息。

“已发送”主要是用来记录已经群发的消息，状态一项会显示正在群发和发送成功，或者发送失败，现在群发消息显示需要 10 ~ 20 分钟。

根据用户调查来看，用户比较喜欢的是每天 18：00—22：00 接收消息，因为这个时候处在下班路上或者在家休息，状态比较放松，适合阅读消息。

要特别注意：平台消息发错如何彻底删除，在显示发送成功后发现信息有误，点击【已发送】会显示下图，再点击右边回收站标志即可彻底删除消息，在显示发送成功后，修改原文后保存，用户手机收到消息还是不会改变。

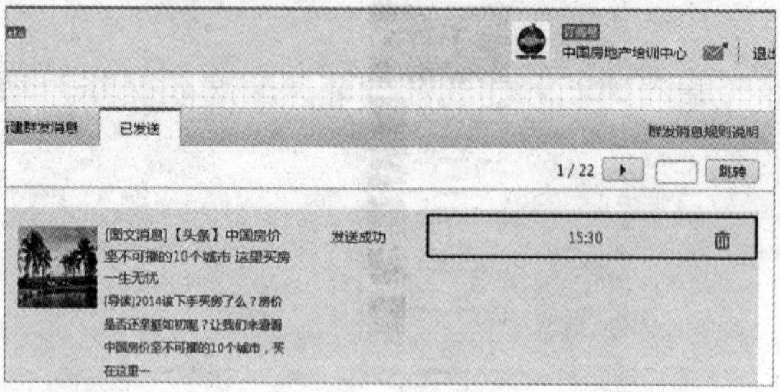

可能很多朋友不知道“公众号手机助手”这个功能，它隐藏在导航栏的“设置”页面，如下图所示：

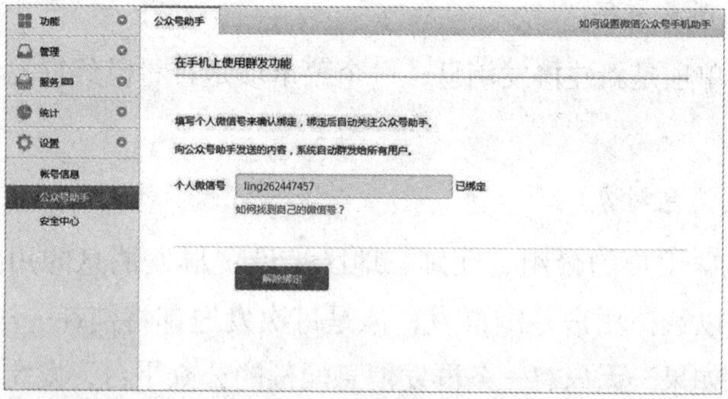

“公众号手机助手”的使用很简单，将自己的微信号填到输入框内，然后微信团队会发送验证码到你的个人微信，输入公众平台验证码就完成绑定。

绑定成功后主要可以实现两个功能：一个是群发消息成功后“公众号手机助手”会向绑定的微信发送一条成功发送的提示信息；二是如果出门在外没有电脑的时候，可以向“公众号手机助手”发送文字、语音、图片和视频，由它来完成群发消息的功能。

七、微信公众平台编辑模式介绍

微信公众平台的核心是与用户互动，在互动中为用户带去服务，从服务中产生价值。微信的运营提倡使用人工回复来和用户交流沟通，但是有很多信息其实是可以通过设置一些关键词让用户自主获取的。在这方面微信公众平台也提供了很强大的工具，其中编辑模式是针对没有开发能力的公众账号运营者。

（一）编辑模式开启

点击公众平台后台导航栏的“高级功能”选项卡就可以进入相应的页面，该页面有两种模式可供选择，分别为“编辑模式”和“开发模式”，如下图所示：

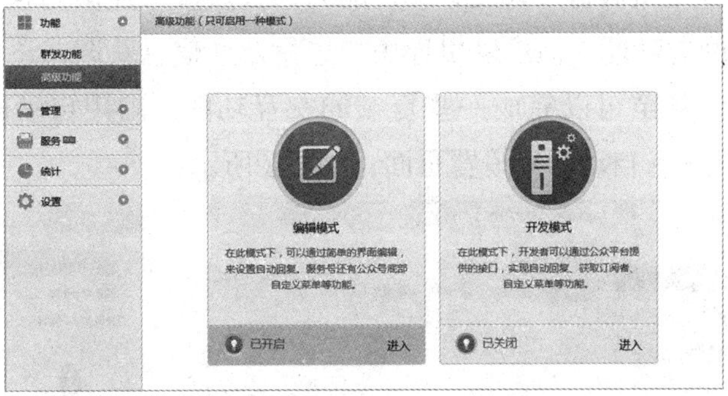

默认两种模式都是关闭状态，两种模式不能同时开启，我们这次先点击编辑模式区域进入编辑模式设置页面，如下图所示：

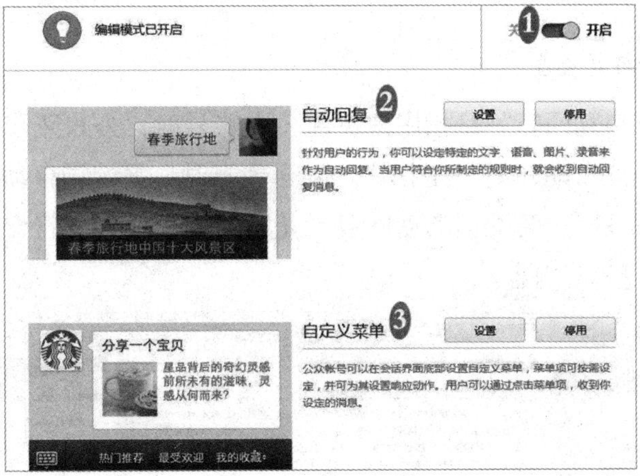

1. 模式总开关

点击开启后，下面两个区域才会有“设置”和“启用”按钮出现。

2. 自动回复

点击“启用”按钮后可以使用用户关注自动回复、用户默认回复和用户关键词回复功能。

3. 自定义菜单（订阅号无此选项）

点击“启用”按钮后可以使用自定义菜单，利用自定义菜单给用户更好的体验。

（二）自动回复介绍

自动回复是微信官方为没有开发能力的公众账号提供的强大工具，灵活使用自动回复功能不但可以引导用户进行自助信息获取，还可以提升用户使用体验，甚至可以完成一些复杂的交互功能，启用自动回复后点击“设置”按钮进入自动回复设置页面，如下图所示：

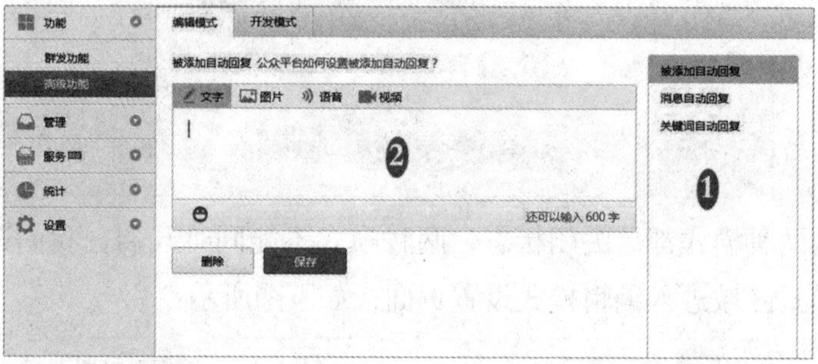

1. 自动回复类型

“被添加自动回复”是指用户关注公众账号时，公众账号自动发送的欢迎词；“消息自动回复”是指用户发送消息时，关键词自动回复不能匹配时的默认回复；“关键词自动回复”是指用户发送消息符合设定的规则时，自动回复相应内容。

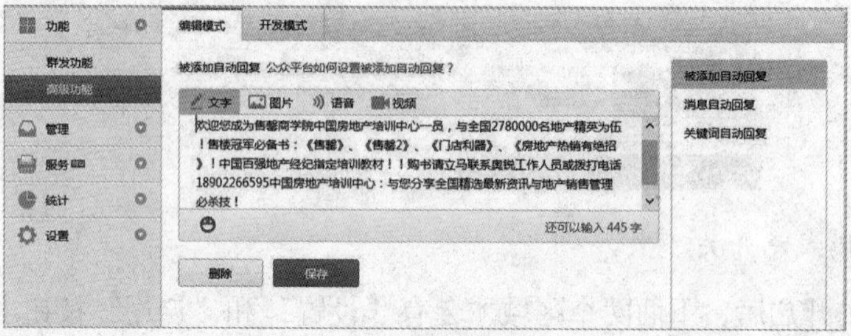

2. 回复消息设置框

“被添加自动回复”和“消息自动回复”的消息设置框是一样的，只支持文字、语音、图片和视频回复，文字最多300个字符，英文、汉字一样计算，语音、图片和视频从素材库中选取。

消息自动回复是在用户给公众账号发布内容时会自动回复已设定好的内容，可以利用这个功能引导用户进行关键词回复。建议经常更新，把新房源或促销信息告知客户。重点要留下联系方式，让客户随时找到你。如回复1看最新房源。

注意：激活非活跃客户增加潜在客户的方法：

（1）48小时内回复关注粉丝，初次沟通。

（2）及时回复客户信息，进一步了解客户。

（3）以免费送赠品为由索要客户联系方式，进一步建立客户信任感，如超市购物券、教育体验券等。

（4）逐步了解客户信息进行细分归类管理。

（三）关键词自动回复介绍

关键词自动回复是有效提高账号与用户互动性的一项功能，通过对每一内容进行关键词设置，保证用户在回复相关关键词时可以收到想看的内容，是用户自主操作账号提取内容的有效功能。关于关键字自动回复功能设置的建议：

（1）引导客户了解公司的产品，建议不要直接用产品名字，如婚房，关键词设置“幸福生活密码”。

（2）建议经常更新，特别是对于产品的引导，让客户经常了解最新房源信息。

（3）设计超级诱饵，对于婚房或者养老房等，可以设置回复“添加微信（设置好微信号如变成手机号码137××××××××）免费赠送××超市价值100元购物券、××教育270元体验券、××体检券300元”等；或“添加微信免费领取投资报告”等；再或者“咨询137××××××××即赠6800元投资报告或装修优惠”等。

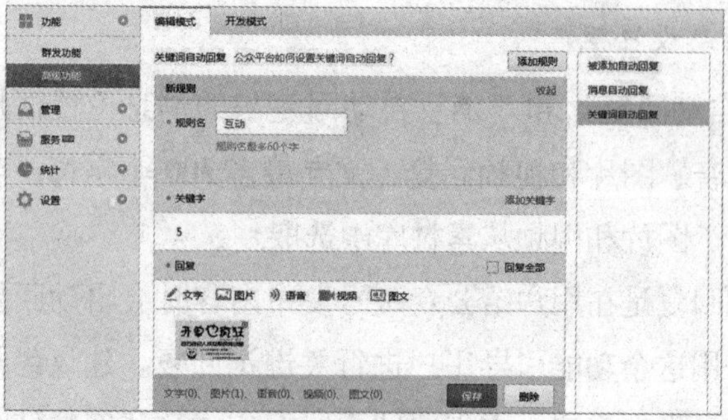

注意1——完全匹配的功能包括：

①已全匹配。对方发送的内容与设置的关键字须完全一样，才会触发关键字回复，不能多一个字符也不能少一个字符，比如设置“123”，仅回复“123”才会触发关键字回复。

②为全匹配。只要对方发送内容包含设置的完整关键词，就会触发关键字回复给对方，比如设置“123”，回复“1234”会触发，但回复不完整的关键字“12”则不会触发关键字回复。

注意2——手机微信中效果如下图所示：

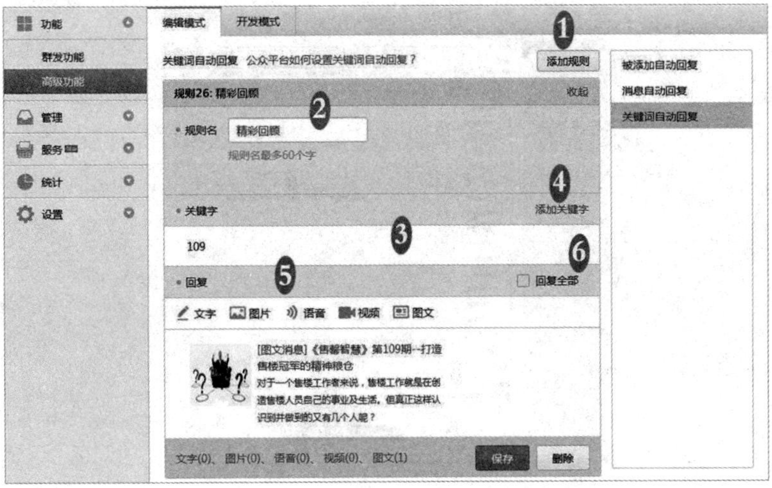

①“添加规则”按钮。点击后出现新规则编辑表单。

②“规则名”文本框。取名规则主要是便于记忆。

③“关键字”列表。当用户输入一些字符时自动返回消息，这里要注意的是记得将“已全匹配”打钩，否则只要用户输入的一串文字中带有这个关键词时，就会发送消息。

④“添加关键字”按钮。点击后弹出关键字添加框。关键字建议用数字 0 ~ 10。

⑤回复消息内容选择。有“文字”“文件”“图文”3 种按钮。文字不能超过 300 个字，文件是指语音、图片和视频等多媒体内容，图文是指图文消息。

⑥回复多个消息内容时，可以选择发送全部恢复，这样用户会同时收到，否则用户随机收到其中一个回复。

（四）自定义菜单介绍

目前将账号升级服务号，就可以申请与使用自定义菜单。自定义菜单设置页面如下图所示：

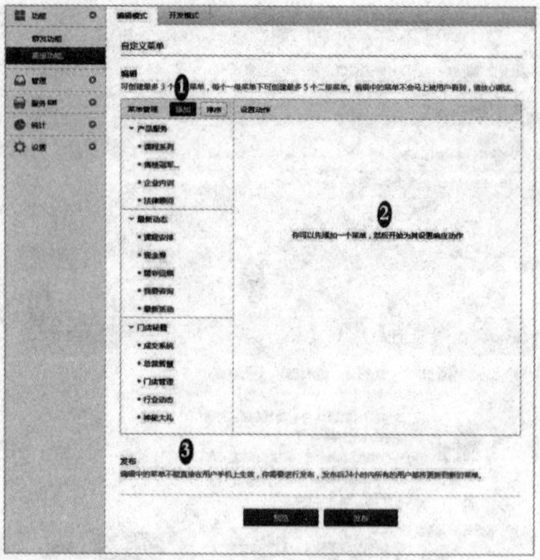

1.“添加菜单”按钮

即公众平台最下面那些菜单，最多只能创建3个。

通过“排序”按钮可以对菜单重新排序，直接拖动菜单即可，如下图所示：

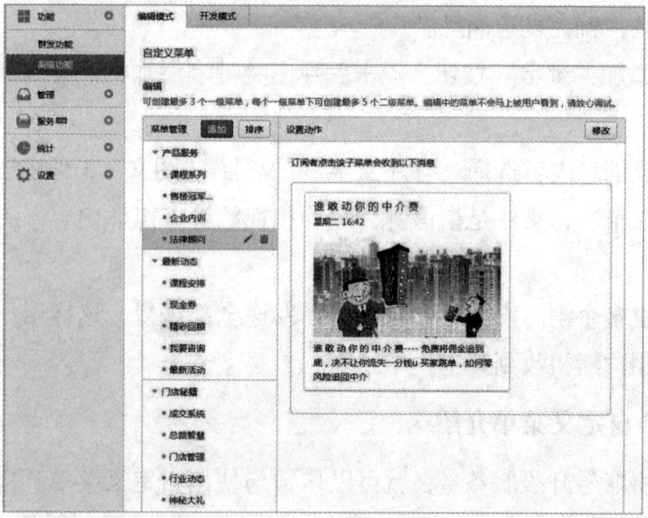

2. 菜单动作设置框

自定义菜单目前只有两个动作，一个是点击显示子菜单，一个是点击发送消息。

3. “发布”和“预览”按钮

发布即同步到公众账号手机端，用户在24小时内都可更新。预览会弹出一个模拟手机框允许查看效果。

点击“添加菜单”按钮，在弹出窗口输入菜单名，就可以添加一个新的主菜单。

（1）主菜单设置。加号代表添加子菜单，铅笔代表修改主菜单名，废纸篓代表删除主菜单，删除时会连同下面的子菜单一并删除。

（2）主菜单动作设置。在未添加任何子菜单时，主菜单也可以添加发送消息动作，即在公众账号单击主菜单时发送一个图文消息或者多媒体信息。添加了子菜单后会变成如下图所示，即主菜单自动赋予了点击显示子菜单功能，无法绑定发送消息功能。

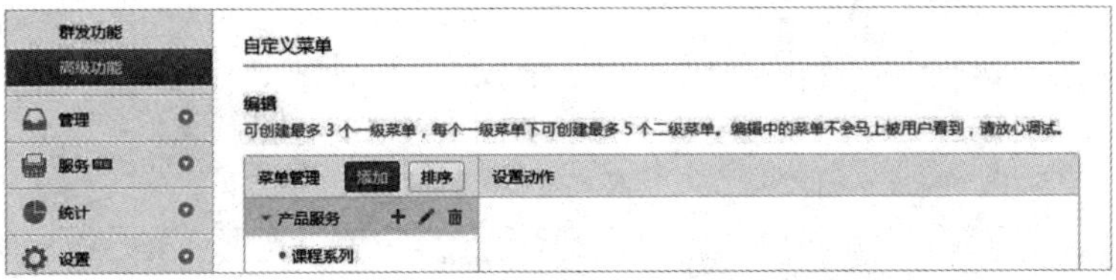

点击主菜单加号，在弹出窗口输入菜单名，就可以添加一个新子菜单，如下图所示：

（1）子菜单选项。铅笔代表修改菜单名，废纸篓代表删除该子菜单，子菜单下无法再建子菜单，每个主菜单最多只能创建5个子菜单。

（2）子菜单动作设置。子菜单动作只能绑定发送消息，消息类型有文字、语音、图片、视频和图文消息。

八、公众平台数据统计揭秘

每天到底有多少人收到群发的消息，有多少人打开看，有多少人转发分享，有多少人回复消息进行互动，这些数据所有做公众平台的运营者都非常关心。微信“数据统计”简直是超级福利，可以帮大家更好地运营微信账号。

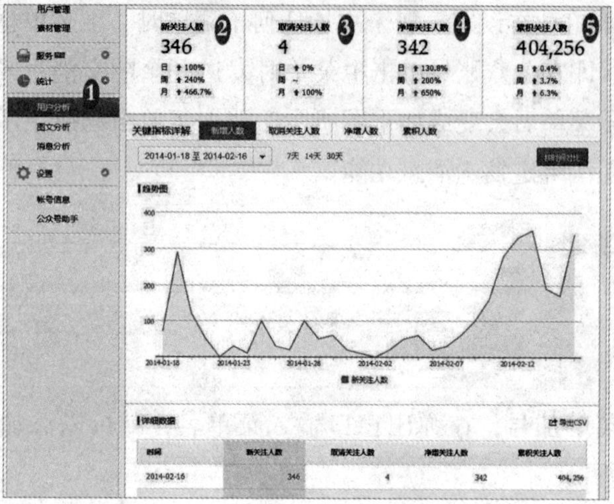

（1）数据统计菜单，其中“用户分析”“图文分析”“消息分析”所有账号都有，“开发支持”只有开启了开发模式才有。

（2）每天实际的关注人数。

（3）每天取消关注人数。

（4）实际关注人数减去取消关注人数后的实际增长人数，也就是我们每天后台打开看到的新增用户数。

（5）公众账号总订阅人数。

（一）用户增长数据页面详解

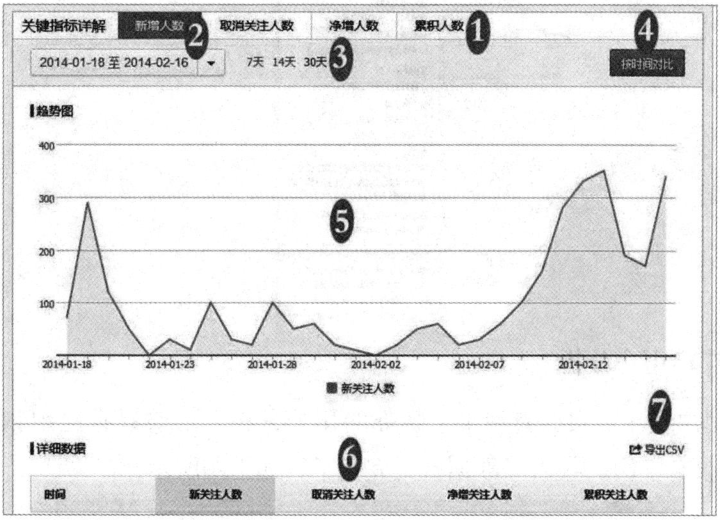

（1）4 种用户数据切换。

（2）选择查看时间段，最多可以选择一个月的。

（3）切换显示天数。

（4）点击后可以实现两个时间段的数据曲线对比。

（5）数据曲线图。

（6）每天的详细数据，根据前面的时间段条件变化。

（7）数据导出，这个功能非常棒，导出的数据文件可以使用 Excel 打开。

补充说明：在你右上角有一个问号图标，点击会弹出如下页面，请注意看红色线框内的文字，该系统其实在 2013 年 7 月 1 日就已经正式上线，只是一直没有对外开放。

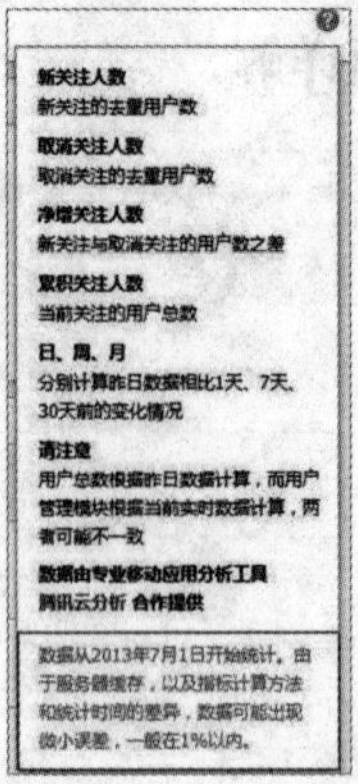

（二）用户分析

“用户属性”页面有利于了解你的用户分布，目前只有性别和地区数据，如果有学历、收入等数据就更完美了，如下图所示：

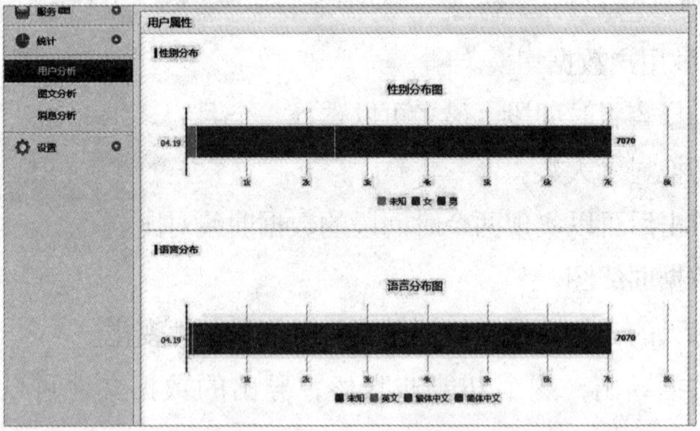

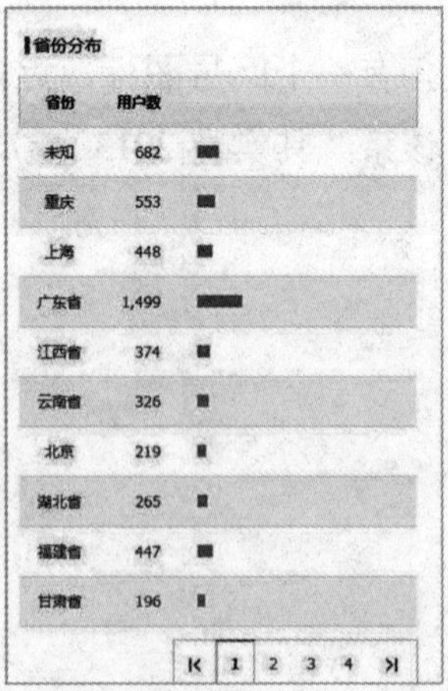

省份分布

省份	用户数
未知	682
重庆	553
上海	448
广东省	1,499
江西省	374
云南省	326
北京	219
湖北省	265
福建省	447
甘肃省	196

通过“用户属性”页面，我们不仅能看见自己的订阅用户分布在哪个省，还能具体到哪个城市，“未知”包含境外用户等。这对公众账号的价值来说不言而喻：你预期的目标群体是否符合市场布局？你要做什么样的内容和微信服务才能更吸引地方群众？

（三）图文分析

估计图文消息的数据是所有人都非常关心的，而这方面的数据也是最全最强大的，如下图所示：

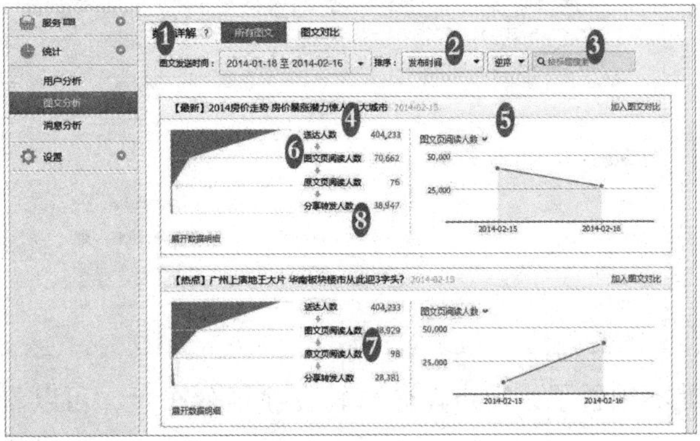

（1）搜索条件为图文消息群发的时间。

（2）列表索引条件。

（3）按标题搜索图文消息。

（4）推送到达人数，打开阅读人数，点击原文链接人数，分享转发人数。

（5）图文消息阅读人数曲线，点击“图文页阅读人数”链接可以查看其他的曲线，可以看到第一次推送打开率是最高的，之后就会衰减，但是也有特例，特别好的文章会有新高。

（6）图文消息的打开率，转化率 = 打开人数/到达人数（即订阅人数），这里强调下订阅号被折叠以后整体打开率并未明显下降。根据一个月的数据情况发现，普通订阅号基本能保持25% ~35%的打开率，最高的订阅号在折叠后依然达到了60%以上，数据降得较多的是首日打开数。

（7）原文链接的点击数，图文消息如果添加了原文链接这里就会有相应的点击数。

（8）分享转发数，这个数据很多人一直在苦苦寻找，现在终于实现了，这里只有总的转发人数和分享数，详细数据在图文统计中。

图文统计主要是图文消息在一个阶段的总阅读数据，如下图所示：

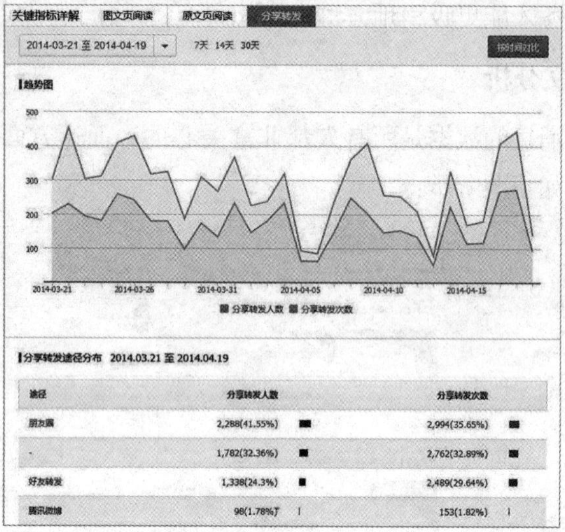

曲线图就不用看了，重点在分享转发途径分布上，可以看到朋友圈转发是最活跃的，好友转发次之，腾讯微博就不说了，不知道其他账号的情况是否也一样。

（四）消息分析

消息分析主要是后台的回复消息数据，如下图所示：

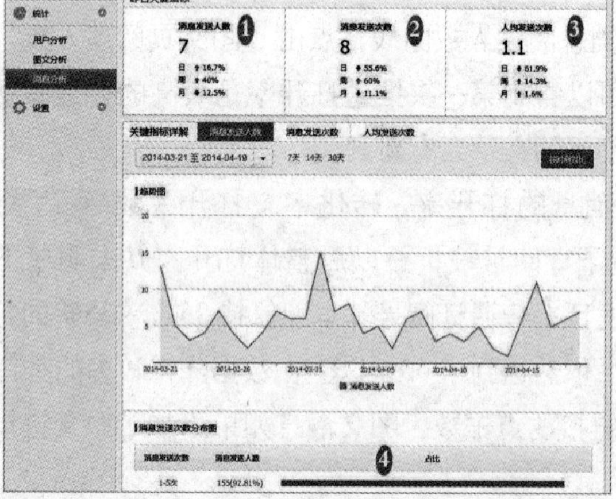

（1）每天发送消息的人数。

（2）每天发送消息的条数。

（3）平均每人发送的消息条数。

（4）一个时间阶段后台每人发送消息条数的统计，可以看出发1～5条的人最多，但是这只是个人订阅号，如果是服务号可能发6～10条的会更多一些。

九、公众平台内容排版8个技巧

公众平台内容编辑的重要性也不亚于标题！有吸引力的标题是为了引导读者去点开这篇文章，而文章的内容是否有可读性以及排版的整体感觉决定了读者能否阅读完整篇文章。由此可见，内容的选择以及排版都是尤为重要的。

那么，微信公众平台内容排版有哪些注意事项以及如何编辑出整洁、美观的文章呢？

1. 字体大小

公众平台文章所推送的内容字体以小四（Word文档）为宜。

2. 插入企业广告或公司产品卖点

在文章的开头，可以插入公司的宣传以及所服务的内容、标语之类的，不要太大、字数也不要太多，让读者在5秒钟内能了解到公司核心优势，这也是一个很好的宣传。

3. 文章摘要

文章的前面可以多加一段内容摘要，可以摘取文章中的亮点句子或者重点段落，行数控制在3～4行，可以让读者一目了然地读懂文章的大意，同时也增强读者的阅读兴趣。

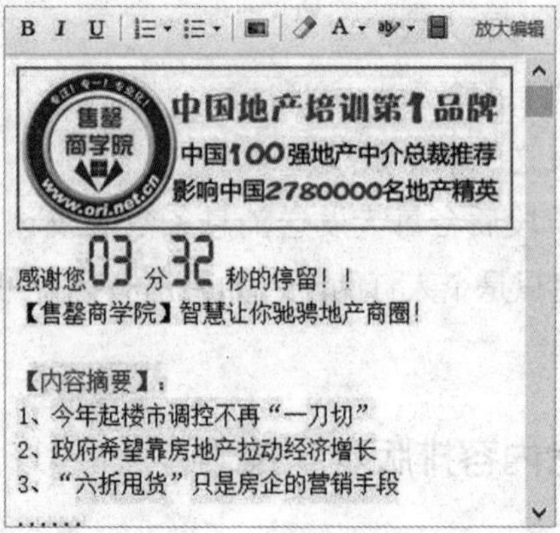

4. 插图片

在文章的段与段之间根据段落的大意选择图片，这种做法也是为了减少读者的阅读疲劳，长篇大论的纯文字文章一般读者打开之后，阅读了30秒钟就直接关闭链接了，因为手机的屏幕不比电脑，字体也较小，所以，图片让文章增添了些生气，同时也让文章更加有可读性。

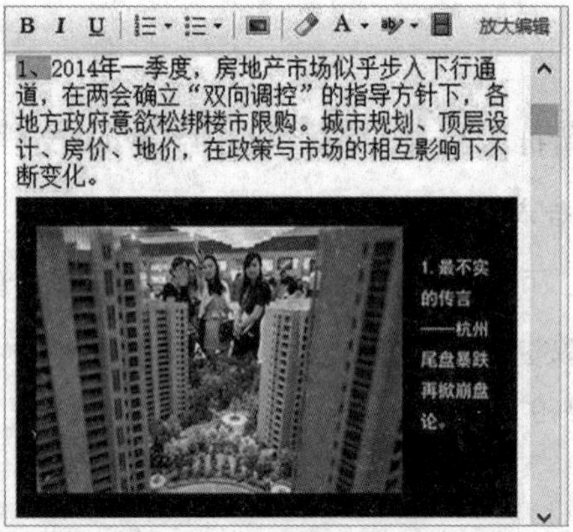

5. 分段

看到下面这两张编辑的内容，左边没有分段，右边被分成三小段。我们可以很明显地看到，第二张的编辑内容更加清晰明了，同时，视觉效果也会比第一张图片好很多，段与段之间空一行就可以了。

6. 文字编辑、配色

下面的两张图片，是读者比较喜欢的一种为文字上色的模板，把重点的内容用颜色区分开来，突出重点。这样，读者在没有时间看完整篇文章时，就可以在短时间内将重点内容提前阅读，同时，加上颜色的文章也不会过于死板。

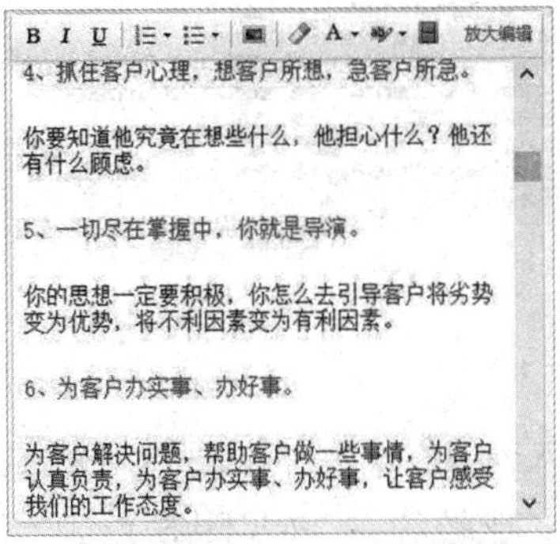

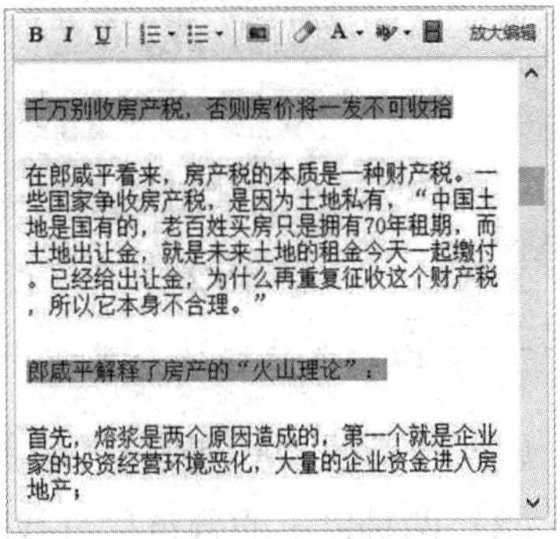

注意：默认的文章字体颜色看似是黑色，其实是灰色，把文章编辑好后可全选再选择用黑色上色（见图①），这样编辑过后黑色字体的就会更加明显。(见图②、图③)

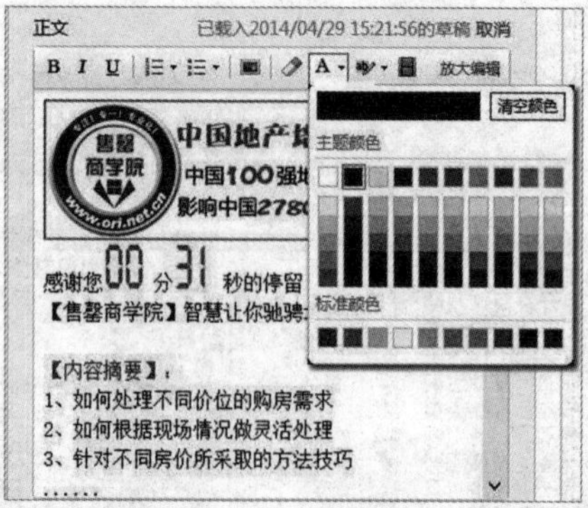

图①

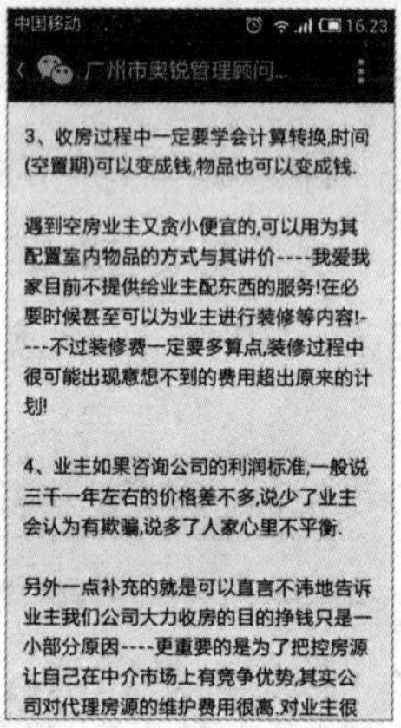

图②

图③

7. 文字颜色编辑注意事项

（1）不要超过4种颜色（最多4种）；太多颜色会让读者走神。(见图④)

（2）两种以上的颜色尽量找同个色系，比较统一。(见图⑤)

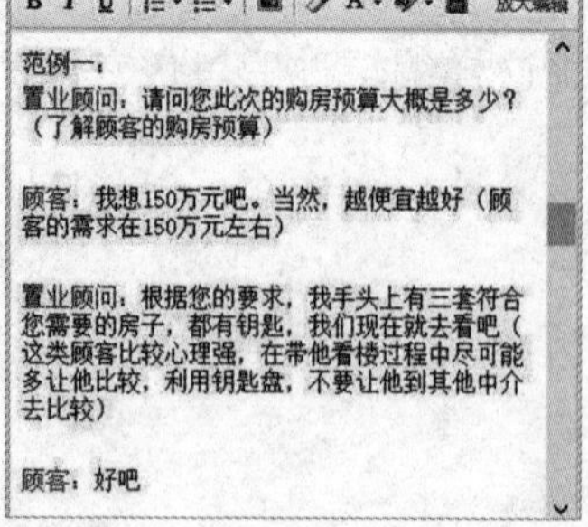

图④

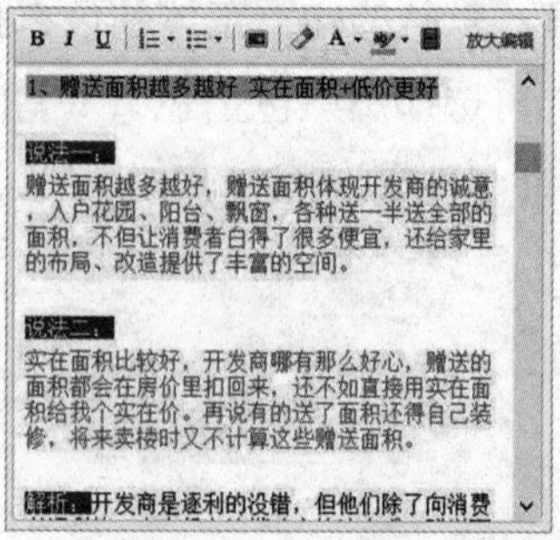

图⑤

（3）在文章的最后，大多数的公众账号也都不会放过这个小地方，适当插入宣传：

附录二

关于微信公众平台重要通告

一、微信公众平台运营规范发布及官方解读

2014 年 4 月 4 日，微信官方正式发布微信公众平台运营规范细则，做了十分详细的举例，包括注册规范、行为规范、支付规范、数据使用规范等，一时间引起了极大的反响：

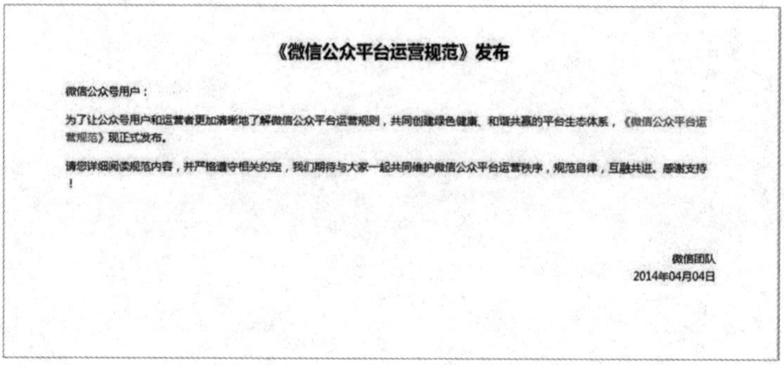

《微信公众平台运营规范》发布

微信公众号用户：

为了让公众号用户和运营者更加清晰地了解微信公众平台运营规则，共同创建绿色健康、和谐共赢的平台生态体系，《微信公众平台运营规范》现正式发布。

请您详细阅读规范内容，并严格遵守相关约定，我们期待与大家一起共同维护微信公众平台运营秩序，规范自律，互融共进。感谢支持！

微信团队
2014年04月04日

重点内容摘录以下，供读者们参考：

微信公众账号行为规范

以下行为严重违规并影响用户体验，还可能给其他运营者、用户及平台带来损害，一经发现将根据违规程度对该公众账号采取相应的处理措施。

（一）四种违规行为

1. 使用外挂行为

未经腾讯书面许可使用插件、外挂或其他第三方工具、服务接入本服务和相关系统。例如：利用任何第三方工具或其他方式规避群发限制策略，包括但不限于用公众平台的单发功能来实现群发功能，意图规避公众平台对于群发次数的限制等。下面是第三方工具登录页面之一：

2. 刷粉行为

（1）未经腾讯书面许可利用其他微信公众账号、微信账号和任何功能或第三方运营平台进行推广或互相推广的，包括但不限于：僵尸粉刷粉、公众账号互相推广、普通微信账号通过微信普通消息、附近的人打招呼、漂流瓶、摇一摇等任何形式推广公众账号，以及利用第三方平台进行互推等。

（2）我们定义的推广形式，包括但不限于：通过链接、头像、二维码、纯文字等各种形式完成的推广行为。

（3）制作、发布与以上行为相关的方法、工具，或对此类方法、工具进行运营或传播，无论这些行为是否出于商业目的，使用者账号都将被处理。

3. 诱导分享行为

以奖励或其他方式，强制或诱导用户将消息分享至朋友圈的行为。奖励的方式包括但不限于：实物奖品、虚拟奖品（积分、信息）等。

强制型诱导分享：

奖励型诱导分享：

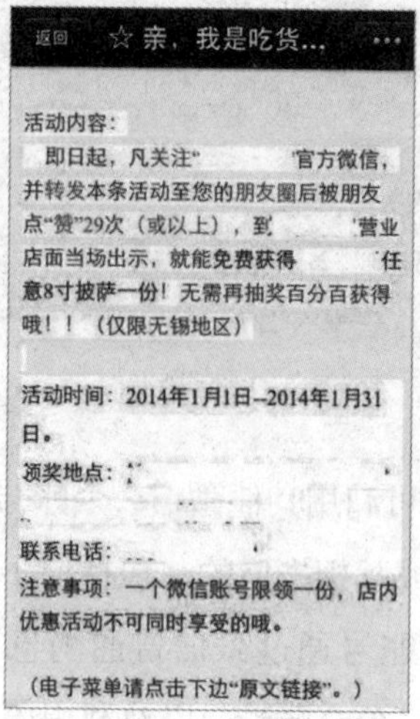

4. 恶意篡改功能行为

有目的性地对公众平台的功能或文字进行篡改，违反公众平台功能的原本用途或意义。例如：在原本显示作者名称（即微信公众账号名称）的位置篡改文字显示。

微信公众账号发送内容规范

微信公众账号的发送内容需要遵守《微信公众平台服务协议》、相关法律法规的规定。用户发送内容如涉及违反相关规定，一经发现将根据违规程度对公众账号采取相应的处理措施，包括但不限于：

（二）其他造成不利影响的行为

1. 侵权或侵犯隐私类内容

（1）主体侵权

擅自使用他人已经登记注册的企业名称或商标，侵犯他人企业名称专用权及商标专用权。

擅自使用他人名称、头像，侵害他人名誉权、肖像权等合法权利。

此类侵权行为一经发现，将对违规公众账号予以注销处理。

（2）内容侵权

未经授权发送他人原创文章，侵犯他人知识产权。

未经授权发送他人身份证号码、照片等个人隐私资料，侵犯他人肖像权、隐私权等合法权益。

捏造事实公然丑化他人人格，或用侮辱、诽谤等方式损害他人名誉。

未经授权发送企业商业秘密，侵犯企业合法权益。

首次出现此类侵权行为将对违规内容进行删除处理，多次出现或情节严重的将对违规公众账号予以一定期限内封号处理。

2. 色情及色情擦边类内容

（1）散布淫秽、色情内容，包括但不限于招嫖、寻找一夜情、性伴侣等内容。

（2）发送以色情为目的的情色文字、情色视频、情色漫画的内容，但不限于上述形式。

（3）长期发送色情擦边、性暗示类信息内容，以此来达到吸引用户的目的。

3. 暴力内容

（1）散播人或动物被杀、致残以及枪击、刺伤、拷打等受伤情形的真实画面。

（2）出现描绘暴力或虐待儿童等内容。

（3）出现吸食毒品、自虐自残等令人不安的暴力画面内容。

（4）无资质销售仿真枪、弓箭、管制刀具、气枪等含有杀伤力枪支武器。

（5）出现以鼓励非法或鲁莽使用方式等为目的而描述真实武器的内容。

4. 赌博类内容

发送组织聚众赌博、出售赌博器具、传授赌博（千术）技巧、方式、方法等内容。

5. 危害平台安全内容

（1）发送钓鱼网站等信息，诱使用户上当受骗蒙受损失。

（2）发送病毒、文件、计算机代码或程序，可能对微信消息发送服务的正常运行造成损害或中断。

6. 涉黑类内容

发送替人复仇、收账等具有黑社会性质的信息；雇佣、引诱他人从事恐怖、暴力等活动；拉帮结派，招募成员，对社会秩序构成潜在危害的内容。

7. 非法物品类内容

包括但不限于买卖发票；出售假烟、假币、赃物、走私物品；违法办证刻章、代办身份证、信用卡、办理手机复制卡等信息；交易人体器官等内容。

8. 广告类内容

（1）欺诈虚假广告类

以骗取钱财为目的的欺诈广告（例如网赚、中奖类信息）；虚假夸大减肥、增高、丰胸、美白效果但明显无效的保健品、药品、食品类广告；推广销售假冒伪劣商品的广告。

（2）违法广告类

包括但不限于：贩卖毒品、窃听器、军火、人体器官、迷药、国家机密、信用卡套现、办证、非法刻章、性虐等。

（3）广告推荐商品本身和公众账号所公示身份（包含注册及公示的主体资料及运营业务范围）无关，如账号名称为心情语录、实际售卖减肥产品等。

9. 谣言类内容

发送不实信息，制造谣言，可能对他人、企业或其他机构造成损害的内容。

10. 骚扰类内容

过度营销，对用户造成骚扰的内容。

11. 其他涉及违法违规或违反相关规则的内容

基于市场的强烈反应，新版规则出台后微信公众账号该如何运营？

微信官方团队重新解读“八项禁止”的运营规则

近日，外界流传着各种关于微信公众平台新版运营规则的解读，其中有部分内容存在误读和谣传，这里微信官方团队把大家可能最关心的几点进行下解读：

1. 关于“禁止微信群发”

群发是微信公众账号的基础功能，我们不会禁止。我们禁止的是违反国家相关法律法规，涉及虚假信息、侵权、恶意营销等内容的群发行为，并将根据用户举报进行处理。

2. 关于“禁止公众号互推”

我们没有禁止所有的公众号互推行为。我们禁止的是以利益交换为前提，具有恶意营销性质及异常的公众号推荐行为，并将根据用户举报进行处理。

3. 关于“禁止用附近的人/漂流瓶推广”

由于接到很多用户关于利用附近的人/漂流瓶进行批量推广的投诉，为避免对用户造成骚扰，我们禁止通过附近的人/漂流瓶功能进行批量推广及恶意营销的行为。

4. 关于“禁止用微信导航推广”

为避免对用户造成误导，我们禁止第三方平台通过利益交换进行微信公众号的恶意刷粉及推广行为。

5. 关于“禁止用微博推广微信”

我们没有禁止在微博平台推广微信公众号。我们禁止的是第三方平台违规刷粉、恶意互推等行为，并将根据用户举报进行处理，正常的微博平台推广是许可的。

6. 关于“禁止微信自媒体联盟”

我们没有禁止合法合规的自媒体或媒体联盟，微信公众平台鼓励优质媒体原创内容的发布及传播。

7. 关于“禁止用利益吸引用户”

我们没有禁止公众账号的合法推广行为。我们禁止的是通过利益诱导进行恶意推广、强制要求朋友圈分享等行为。

8. 关于“不是原创文章可能被封号”

我们没有对非原创账号采用一律封杀的政策，我们会针对受到用户投诉且未经授权抄袭他人原创文章的行为恶劣程度进行不同的处理，保护作者的知识产权。

微信一直致力于为用户提供绿色、健康的生态环境，努力打造一个企业、机构与个人用户之间交流和服务的优质平台，给予用户更多的选择和便利，进一步降低沟通和交易成本并创造更多的社会价值。

新规则的推出也正是为了更好地实现这一目标，更期待您与我们携手共同维护平台运营秩序，规范自律，互融共进。

二、微信认证实操

（一）申请微信认证入口

1. “设置→账户信息→认证情况”点击“申请微信认证”进入。

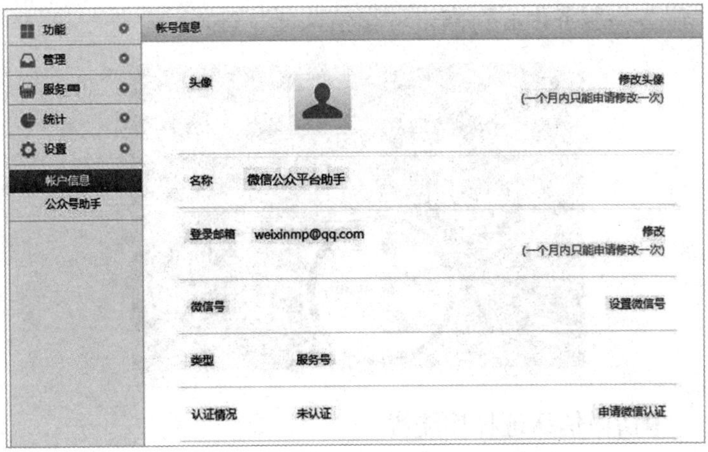

个人申请的订阅号如图点击账号信息多了一个关联微博认证接口，目前仅限于腾讯微博认证。2013 年 8 月以前申请的还可以升级为服务号。

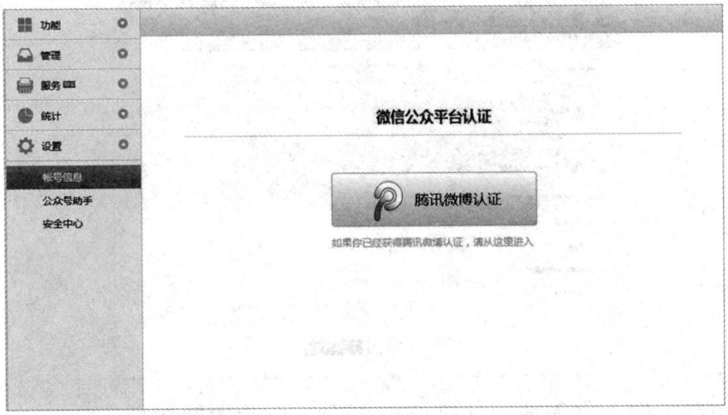

2. “服务→服务中心”点击“微信认证”进入。

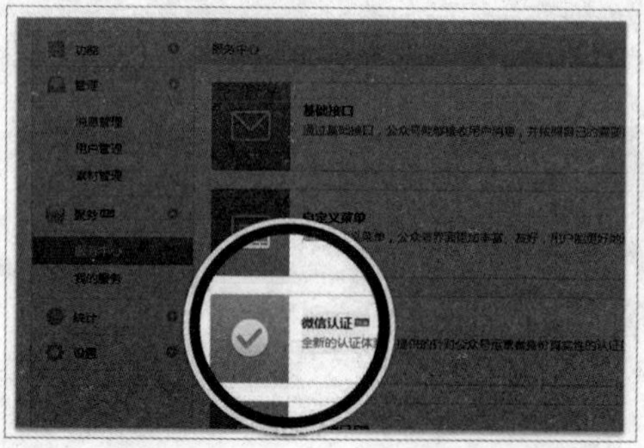

（二）申请微信认证操作流程

1. 签署《微信公众平台认证服务协议》，勾选同意，点击下一步。

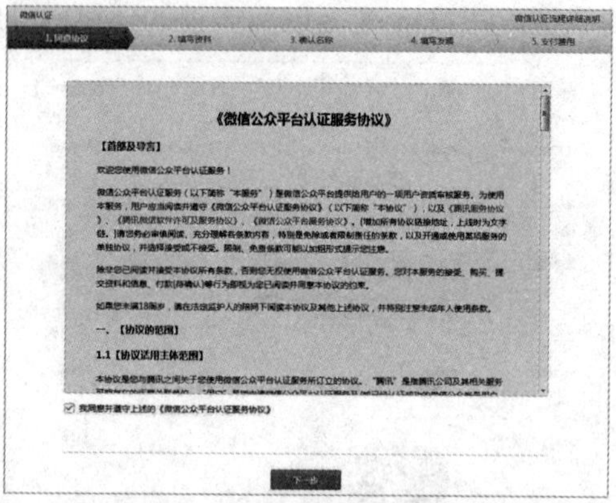

2. 填写资料：房地产公司认证主体选择企业类型，提交相应的认证材料。

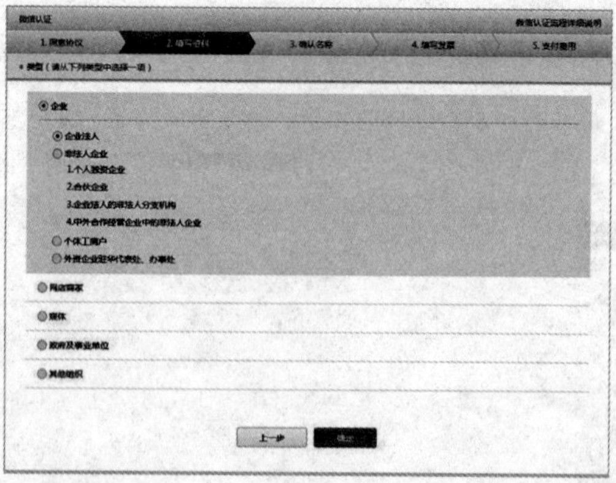

选择完类型后进入填写认证资料页面，企业主要包括：

微信认证　　微信认证流程详细说明

1. 同意协议　2. 填写资料　3. 确认名称　4. 填写发票　5. 支付费用

• 类型　修改

企业法人

• 认证资料

企业业务资料

若后续要申请微信支付，则此处的申请主体需与后续的微信支付运营主体、结算主体保持一致。

企业全称　广东XX置业有限公司
能与工商营业执照匹配，该名称将作为微信认证审核服务费的发票抬头。香港公司的申请企业名称需与《公司注册证书》、《商业登记证》上公司名称一致。台湾公司申请企业名称需与《经济部公司执照》或《经济部工厂登记证》上公司名称一致。

组织机构代码　12345678-1
能与组织机构代码证匹配

工商执照注册号　12300000078

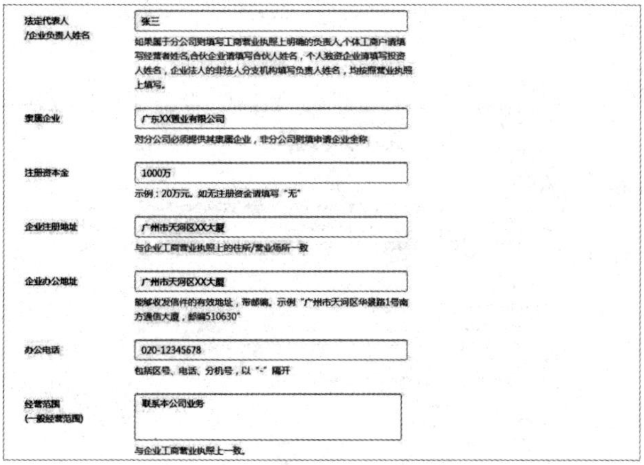

法定代表人/企业负责人姓名　张三
如果属于分公司则填写工商营业执照上明确的负责人,个体工商户请填写经营者姓名,合伙企业请填写合伙人姓名，个人独资企业请填写投资人姓名，企业法人的非法人分支机构填写负责人姓名，均按照营业执照上填写。

隶属企业　广东XX置业有限公司
对分公司必须提供其隶属企业，非分公司则填申请企业全称

注册资本金　1000万
示例：20万元。如无注册资金请填写“无”

企业注册地址　广州市天河区XX大厦
与企业工商营业执照上的住所/营业场所一致

企业办公地址　广州市天河区XX大厦
能够收发信件的有效地址，带邮编。示例“广州市天河区华景路1号南方通信大厦，邮编510630”

办公电话　020-12345678
包括区号、电话、分机号，以“-”隔开

经营范围(一般经营范围)　联系本公司业务
与企业工商营业执照上一致。

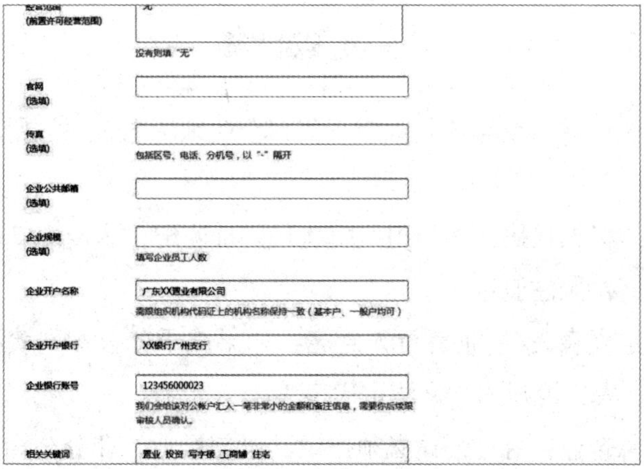

经营范围(前置许可经营范围)　无
没有则填“无”

官网(选填)

传真(选填)
包括区号、电话、分机号，以“-”隔开

企业公共邮箱(选填)

企业规模(选填)
填写企业员工人数

企业开户名称　广东XX置业有限公司
需跟组织机构代码证上的机构名称保持一致（基本户、一般户均可）

企业开户银行　XX银行广州支行

企业银行账号　123456000023
我们会给该对公帐户汇入一笔非常小的金额和备注信息，需要你后续跟审核人员确认。

相关关键词　置业 投资 写字楼 工商铺 住宅

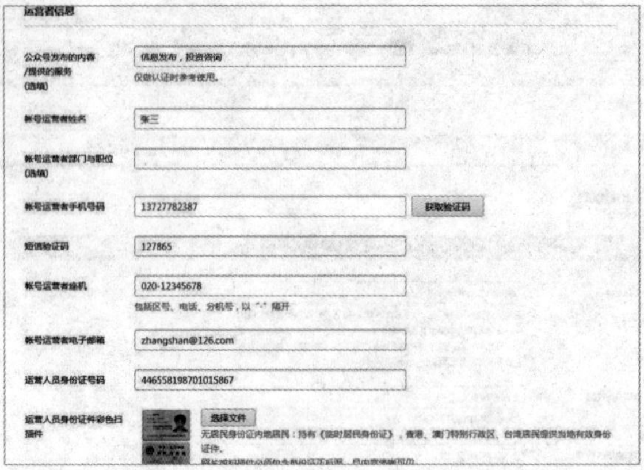

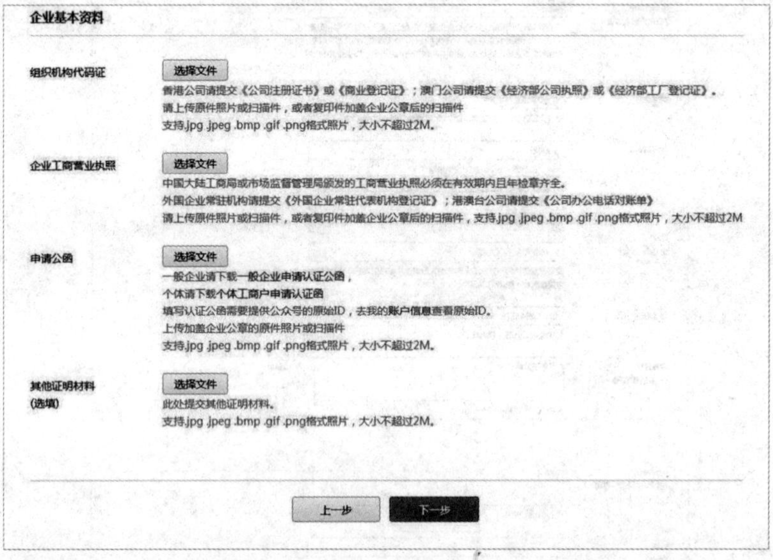

（1）企业全称：须与营业执照匹配，企业须国内合法注册的工商登记企业。

（2）组织机构代码：能与组织机构代码证匹配，示例：12345678－9。

（3）工商执照注册号。

（4）法定代表人/企业负责人姓名：如果属于分公司则填写营业执照上明确的负责人，否则一律是法定代表人。

（5）隶属企业：对分公司必须提供其隶属企业，非分公司则填申请企业全称。

（6）注册资本金（注册资本金）：不能为空，分公司填“无”。

（7）企业注册地址。

（8）办公电话：包括区号、电话、分机号，以“-”隔开。

（9）经营范围：一般经营范围。

（10）经营范围（前置许可经营范围）：没有则填无。

（11）企业开户名称：需跟组织机构代码证上的机构名称保持一致（基本户、一般户均可）。

（12）企业开户银行。

（13）企业对公银行账号：我们会给该对公账户汇入一笔金额和备注信息，需要您后续跟审核人员确认。

（14）申请认证名称。

（15）相关关键词：填写企业简称、行业、主营业务，必须和企业有直接的关联，审核时会删减不相关的词，最多可填9个，请用空格分隔开。

企业基本资料（上传文件）包括：

（1）组织机构代码证：原件照片或扫描，或者复印件加盖企业公章后扫描。

（2）企业工商营业执照：①请上传营业执照清晰彩色原件扫描件或数码照；②在有效期内且年检章齐全（当年成立的可无年检章）；③由中国大陆工商局或市场监督管理局颁发。

（3）申请公函：一般企业请在申请页面下载一般企业申请认证公函，艺人请下载艺人申请认证公函，上传加盖企业法人原件照片或扫描件。

（4）商标注册证或商标注册受理通知书：①可选填，如涉及商标，则需要上传。②商标授权书，必须是商标注册人直接授予本次认证主体该商标使用权的证明函。必须包含但不限于：商标注册人（如果为个人所有，必须附上商标注册人的身份证正反面照片或扫描件），商标注册号/申请号，授予人（必须和本次认证主体保持一致），商标注册人企业公章或个人签名，使用期限。

温馨提示：以上文件上传格式支持 .jpg. jpeg. bmp. gif. png 格式照片，大小不超过2M。

运营者信息：

（1）公众号发布的内容/提供的服务：选填，仅做认证时参考使用。

（2）账号运营者姓名：

（3）账号运营者部门与职位：

（4）账号运营者手机号码：

（5）账号运营者座机：

（6）账号运营者电子邮箱：

（7）账号运营者身份证件类型：

（8）账号运营者身份证件号码：

申请公函：

下载“申请公函”后，按要求填写表格，上传加盖企业公章的原件照片或扫描件。支持 . jpg. jpeg. bmp. gif 格式照片，大小不超过 2M。

温馨提示：

（1）授权代表：是指公司/机构的法人代表或者负责人，可以有权限代表公司授权的人员。

（2）公众号原始 ID 可在微信公众平台→设置→账户信息→原始 ID。

（3）企业微信公众号认证申请信息表中填写“申请认证信息”将会显示详细资料中的微信认证处。

（注：认证信息由腾讯在账号认证成功后生成，用户填写内容仅为参照）

3. 选择命名方式，并提交相关资料。

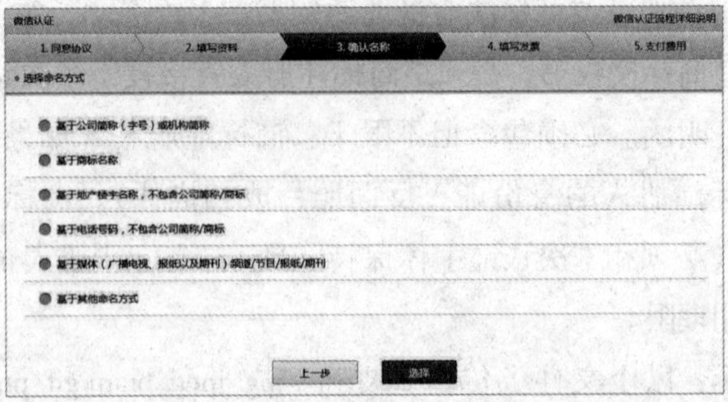

（1）基于公司简称或机构简称：无须上传特殊资料。认证名称举例：

腾讯客服（“腾讯”为腾讯深圳科技有限公司的简称）

（2）基于商标名称：已注册商标请提供《商标注册证书》，使用他人注册商标的还需提供商标所有者的商标授权书，已申请的商标请提供《商标受理通知书》。认证名称举例：沃俱乐部（“沃”为商标名）。

（3）基于地产楼宇名称，不包含公司简称/商标：需提供《建设工程规划许可证》或《商品房预售许可证》等证件证明。认证名称举例：南方通信大厦。

4. 填写发票信息。用户可选择开具普通发票（定额发票）、增值税专用发票。其中，增值税专用发票还需提交《税务登记证》《银行开户证明》给腾讯客服，核对资质后才能开具。发票抬头为填写认证信息的企业全称。

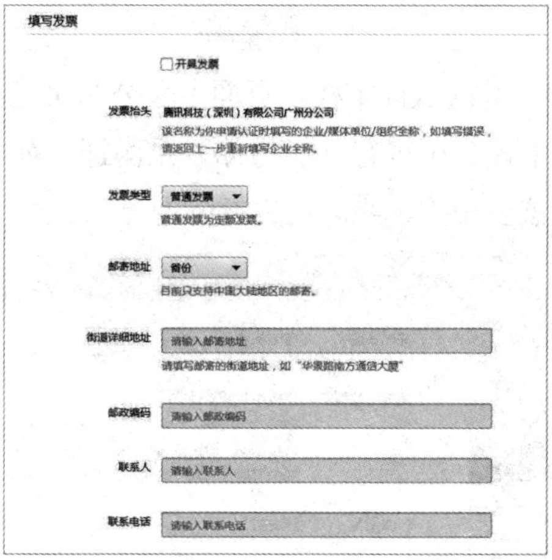

5. 支付审核费用，目前只支持微信支付。支付过程如下：

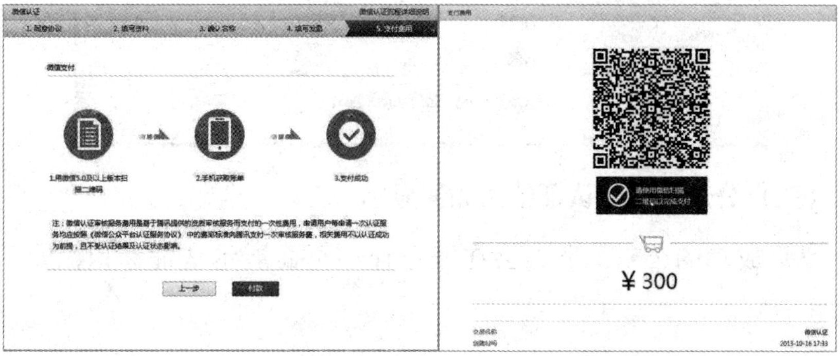

6. 支付完成后，进入认证审核。页面上会公布第三方审核公司的热线电话，在审核过程中该公司将有可能与你联系沟通，如果在审核过程中遇到问题，可以拨打该公司的热线电话进行咨询。

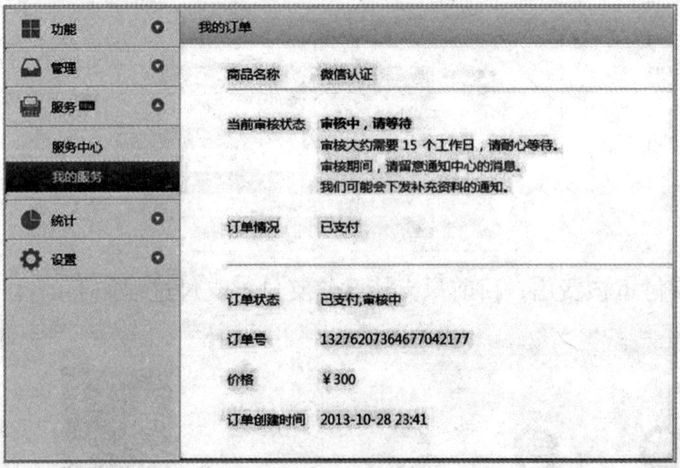

（三）公众账号的认证信息如何显示

认证成功的公众账号，会在账号详细页面展示认证标识，如下图所示：

点击认证详情可查看主体信息：

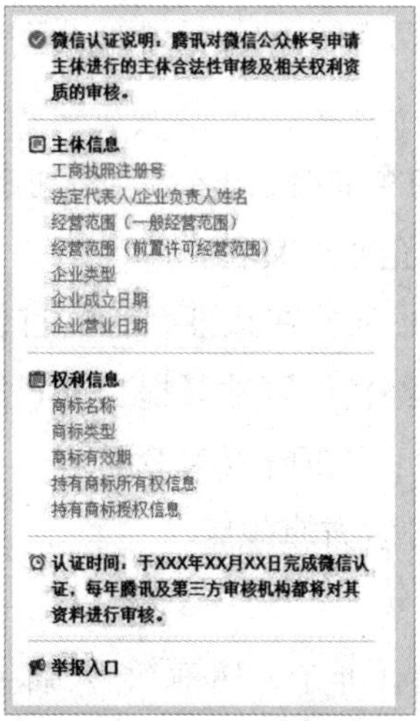

（四）支持的认证主体类型

订阅号和服务号支持以下几种认证主体：

1. 企业（企业法人、非企业法人、个体工商、外资企业驻华代表处）。

2. 网店商家（首批支持已有淘宝、天猫店的企业类型）。

3. 媒体（事业单位媒体、其他媒体）。

4. 政府及事业单位。

5. 其他组织。

（五）认证账号命名规则

以下所说的“申请主体”是指申请认证的企业、政府、组织等。

1. 基于公司简称或机构简称：无须上传特殊资料。

认证名称举例：腾讯客服（“腾讯”为腾讯深圳科技有限公司的简称）、湖南卫视（电视台的机构名称）、广州公安（机构名称）。

规则细节说明：

（1）认证名称中如需加入地名，只能加入营业执照或组织机构代码证件上注册地址的地名。如：“深圳腾讯”。

（2）企业全称或简称不可以授权给其他公司使用，也不可以由其他公司代为申请认证。

（3）企业全称或简称不可以授权给其他公司使用，也不可以由其他公司代为申请认证。

（4）申请主体使用的企业/机构名要与营业执照、组织机构代码证一致，不得使用自己拟定的企业英文名。

（5）企业/机构简称必须放在认证名称的首位，后面可以加与经营范围关联的功能词汇，或其经营的网站（提交 ICP 备案证明）。

2. 基于网店店铺名称：无须上传特殊资料。

认证名称举例：NIKE 官方旗舰店。

规则细节说明：

（1）目前只支持淘宝（非个人店铺）、天猫店铺、QQ 网购店铺申请以店名作为认证名称。

（2）店铺的经营者必须为申请主体。

3. 基于商标名称：已注册商标请提供《商标注册证书》，使用他人注册的商标的还需提供商标所有者的商标授权书，已申请的商标请提供《商标受理通知书》。

认证名称举例：沃俱乐部（“沃”为商标名）。

4. 基于地产楼宇名称，不包含公司简称/商标：需提供《建设工程规划许可证》或《商品房预售许可证》等证件证明。

认证名称举例：南方通信大厦。

5. 基于电话号码，不包含公司简称/商标：对于公开大众明确的客服电话可以不用证明，其他需要提供电信的电话号码所有权证明以及最近3个月内的电话账单和发票。

认证名称举例：95555（“95555”为招商银行的客服热线）

6. 基于媒体（广播电视、报纸以及期刊）频道/节目/报纸/期刊：广播电视需提供《广播电视播出机构许可证》或《广播电视频道许可证》；报纸需提供《报纸出版许可证》；期刊需提供《期刊出版许可证》；网络媒体需要提供《互联网新闻信息服务许可证》或《信息网络传播视听节目许可证》。

认证名称举例：中国好声音（节目名）、南方都市报（报纸名）

7. 基于其他命名方式：需提供有权使用该名称的相关行政或法律证明文件，腾讯及第三方审核机构审核后确定。如超过1000人大型群众活动命名，需提供《大型群众性活动安全许可》。

（六）各类型认证主体需要提交的资质材料

包括但不限于以下材料：

1. 企业：《组织机构代码证》《企业工商营业执照副本》；香港公司请提交《公司注册证书》或《商业登记证》；澳门公司请提交《经济部公司执照》或《经济部工厂登记证》。外国企业常驻机构请提交《外国企业常驻代表机构登记证》；港澳台公司请提交《公司办公电话对账单》。

2. 网店商家：《组织机构代码证》《企业工商营业执照副本》；网店店铺管理后台截屏。

3. 媒体：《组织机构代码证》《企业工商营业执照副本》或《事业单位法人证书》；广播电视应上传《广播电视播出机构许可证》或《广播电视频道许可证》；报纸需上传《中华人民共和国报纸出版许可证》；期刊需有《中华人民共和国期刊出版许可证》；网络媒体需要提供《互联网新闻信息服务许可证》或《信息网络传播视听节目许可证》。

4. 政府及事业单位：《组织机构代码证》。

5. 其他组织（免费）：《组织机构代码证》；相关登记证书、批文或证明等：基金会请上传《基金会法人登记证书》，外地常设机构请上传其驻在地政府主管部门的批文，外国驻华机构请上传国家有关主管部门的批文或证明，居民委员会、村民委员会、社区委员会等其他组织请上传主管部门的批文或证明，独立核算的附属机构请上传主管部门的基本存款账户开户许可证和批文。

6. 社会团体：《组织机构代码证》《社会团体登记证证书》。如果是宗教团体还需要提供宗教事务管理部门的批文或证明。

7. 民办非企业：《组织机构代码证》《民办非企业登记证书》；非事业单位的培训教育机构，需要提交其自身所有权的《办学许可证》。非事业单位的医疗机构包括美容，需要提交其自身所有权的《医疗机构执业许可证》等。

其他营利组织：《组织机构代码证》；相关登记证书、批文或证明等。

（七）填写企业开户银行（对公账户）用来做什么

在认证过程中，为了验证认证主体（企业、媒体）的真实性，第三方审核机构会向申请者填写的对公账户进行小额打款，并在打款时附上备注信息，申请者在收到打款后，将收款的回执证明及时通过微信公众平台认证的补充材料页面提交审核（第三方审核机构会在电话沟通过程中指导您如何提交）。

企业收到的打款金额只用于认证审核，无须返还给第三方审核机构或微信。

（八）运营人员身份证件的类型有哪些

1. 中华人民共和国居民身份证。

2. 无居民身份证内地居民：可以提交《临时居民身份证》。

3. 香港、澳门特别行政区、台湾居民提供当地有效身份证件。

以上两种证件必须提供正反面照片或扫描件。

（九）认证服务资费

申请微信认证需支付300元/次的审核服务费用，这是用户基于腾讯提供的资质审核服务而支付的一次性费用，用户每申请一次认证服务需要支付一次审核服务费。无论认证成功或失败，我们都需要支付第三方审核机构的成本，因此都需要支付审核服务费。

（十）认证服务资费支付方式

暂时只支持微信支付。支付时需要使用5.0版扫描网页二维码来完成。

（十一）认证状态和结果查看方式

登录公众平台，查看“服务→我的订单→微信认证”的状态。

也可以拨打第三方审核公司的客服热线咨询审核进度。

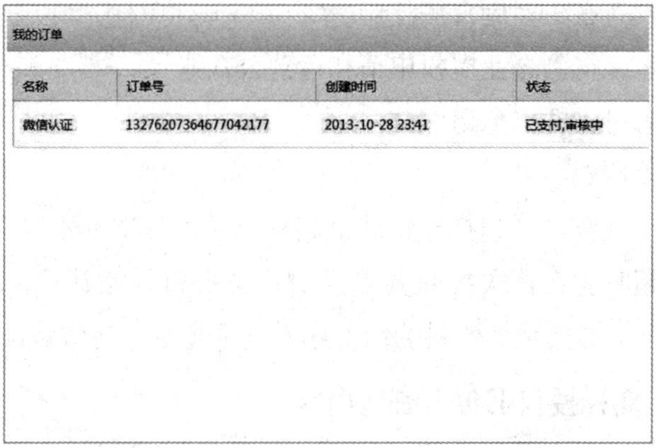

（十二）怎样开具发票

在申请认证的第4步可选择发票类型，以及填写发票寄送地址。注意事项如下：

1. 若不选择“开具发票”，则腾讯不会开具发票，若需补开发票，请在订单完成后30天内联系腾讯客服。

2. 订单完成后80天内，腾讯会开具并寄送发票。普通发票为定额发票。

3. 若需开具增值税专用发票，除填写寄送地址外，还需提交《税务登记证》《银行开户证明》给腾讯客服，核对资料无误后才能开具。

4. 增值税专用发票抬头使用用户填写的企业全称或组织全称，寄送地址为用户自填。若填写错误造成发票开具错误或寄送错误，结果由用户自行承担。

5. 订单完成包括：认证成功、认证失败等。

6. 腾讯客服：0755－83767777。

（十三）认证通过需要多长时间

认证通过取决于用户提交（补交）材料是否完整、及时，腾讯会在15个工作日内展开资质审核工作，用户应积极配合腾讯及第三方审核公司的审核需求。

（十四）认证失败有哪些原因

1. 企业没有在工商局合法注册。

2. 运营者未得到企业授权申请和运营公众账号。

3. 运营者身份证信息错误。

4. 商标无授权。

5. 申请认证资料（包括申请认证名称）重填三次都不符合规范。

6. 认证超时。自首次打回要求重填认证资料开始计算，30天（自然日）内没有再次提交认证资料的情况属于认证超时，将做认证失败处理。

（十五）商标授权书包含哪些内容

商标授权书必须是商标注册人直接授予本次认证主体该商标使用权的证明函。必须包含但不限于：商标注册人（如果为个人所有，必须附上商标注册人的身份证正反面照片或扫描件），商标注册号/申请号，授予人（必须和本次认证主体保持一致），商标注册人企业公章或个人签名，使用期限。

（十六）同一个公司可以认证几个公众账号

暂时无限制，一个公司可以认证多个公众账号。

（十七）第三方审核公司咨询热线

1. 武汉灏信信息技术服务有限公司

咨询电话：027－59757188

咨询时间：周一至周五（工作日），9：00—17：30

2. 上海倍通企业信用征信有限公司

咨询电话：021－33977660

咨询时间：周一至周五（工作日），8：30—17：30

3. 北京至信互通科技有限公司

咨询电话：4000139191

咨询时间：周一至周五（工作日），9：30—18：00

4. 北京知道创宇信息技术有限公司

咨询电话：028－85182726

咨询时间：周一至周五（工作日），9：30—18：00

（十八）如何修改认证资料（含修改认证名称）

在符合命名规则的情况下可修改认证资料包括：公众号名称、认证详情、商标信息（不支持认证主体的变更）。

如涉及商标的信息修改，如注册人变更、商标已成功注册等，需要用户补充提交相关证明材料。请拨打腾讯客服提交以上资料，经审核后给予修改。

（十九）认证年审

用户认证成功后其认证账号名称、认证标识及认证信息将会被保留一年（自认证成功之日起计算，一年内有效）。认证完成时，即会在公众平台网站上显示下次年审的时间，到期前3个月会通过公众平台网站的通知中心提醒用户需要进行年审。年审认证流程、资费、审核标准与首次认证一致。未通过年审的账号名称可能被强制更改，认证标识及认证信息将会被取消。

（二十）微信认证账号有何特权

1. 通过微信认证的订阅号，将自动开通“自定义菜单”功能。

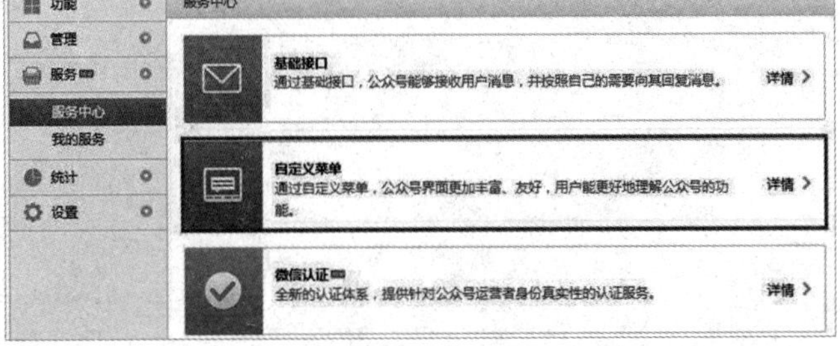

2. 通过微信认证的服务号，将自动开通“高级接口”中所有接口能力。

包括如下接口权限：

权限

权限	描述
语音识别	通过语音识别接口，用户发送的语音，将会同时给出语音识别出的文本内容。
客服接口	通过客服接口，公众号可以在用户发送过消息的24小时内，向用户回复消息。
OAuth2.0网页授权	通过网页授权接口，公众号可以请求用户授权。
生成带参数二维码	通过该接口，公众号可以获得一系列携带不同参数的二维码，在用户扫描关注公众号后公众号可以根据参数分析各二维码的效果。
获取用户地理位置	通过该接口，公众号能够获得用户进入公众号会话时的地理位置（需要用户同意）。
获取用户基本信息	通过该接口，公众号可以根据加密后的用户OpenID，获取用户的基础信息，包括头像称、性别、地区。
获取关注者列表	通过该接口，公众号可以获取所有关注者的OpenID。
用户分组接口	通过分组接口，公众号可以在后台为用户移动分组，或创建、修改分组。

读 / 者 / 群 / 使 / 用 / 说 / 明

这是一本配有读者交流群的
房地产销售用书

建 议 读 者 配 合 二 维 码 一 起 使 用 本 书

本书配有读者微信交流群，群内提供读者活动、资源服务，以及作者在线答疑和系列课程，帮助读者更好地阅读本书，在众多的技巧经验分享中，轻松提升策划能力，同时对自己的职业发展路径进行规划。您还可以与同在使用本书的其他房地产从业人员分享经验，交流心得。

入 群 步 骤

① 微信扫描本页二维码

② 根据提示，加入感兴趣的交流群

③ 群内回复关键词，参与读书活动，领取阅读资源

微信扫码 入群交流

中经房地产行业培训图书

售罄·地产精英培训系列

房地产法律知识系列读本